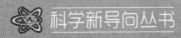

科学新导向丛书

U0635721

交通：
让出行更通畅

编著

成都时代出版社

图书在版编目(CIP)数据

交通:让出行更通畅/姜忠喆编著. —成都:
成都时代出版社,2013.8(2018.8重印)
(科学新导向丛书)
ISBN 978－7－5464－0911－5

Ⅰ. ①交… Ⅱ. ①姜… Ⅲ. ①交通工具－青年读物②
交通工具－少年读物 Ⅳ. ①U－49

中国版本图书馆 CIP 数据核字(2013)第 140148 号

交通:让出行更通畅
JIAOTONG:RANGCHUXING GENGTONGCHANG
姜忠喆 编著

出 品 人 石碧川
责任编辑 于永玉
责任校对 张 巧
装帧设计 映象视觉
责任印制 唐莹莹

出版发行 成都时代出版社
电 话 (028)86621237(编辑部)
(028)86615250(发行部)
网 址 www.chengdusd.com
印 刷 北京一鑫印务有限责任公司
规 格 690mm×960mm 1/16
印 张 14
字 数 240 千
版 次 2013 年 8 月第 1 版
印 次 2018 年 8 月第 2 次印刷
书 号 ISBN 978－7－5464－0911－5
定 价 29.80 元

前　言

　　提起"科学"，不少人可能会认为它是科学家的专利，普通人只能"可望而不可即"。其实，科学并不高深莫测，科学早已渗入到我们的日常生活，并无时无刻不在影响和改变着我们的生活。无论是仰望星空、俯视大地，还是近观我们周围事物，都处处可以发现有科学之原理蕴于其中。即使是一些司空见惯的现象，其中也往往蕴涵深奥的科学知识。科学史上的许多大发明大发现，也都是从微不足道的小现象中生发而来：牛顿从苹果落地撩起万有引力的神秘面纱；魏格纳从墙上地图揭示海陆分布的形成；阿基米德从洗澡时溢水现象中获得了研究浮力与密度问题的启发；瓦特从烧开水的水壶冒出的白雾中获得了改进蒸汽机性能的想象；而大名鼎鼎的科学家伽利略从观察吊灯的晃动，从而发现了钟摆的等时性……所以说，科学就在你我身边。一位哲人曾说："我们身边并不是缺少创新的事物，而是缺少发现可创新的眼睛。"只要我们具备了一双"慧眼"，就会发现在我们的生活中科学真是无处不在。然而，在课堂上，在书本上，科学不时被一大堆公式和符号所掩盖，难免让人觉得枯燥和乏味，科学的光芒被掩盖，有趣的科学失去了它应有的魅力。常言道，兴趣是最好的老师，只有培养起同学们对科学的兴趣，才能激发他们探索未知科学世界的热忱和勇气。

　　科学是人类进步的第一推动力，而科学知识的普及则是实现这一推动的必由之路。在新的时代，社会的进步、科技的发展、人们生活水平的不断提高，为我们青少年的科普教育提供了新的契机。抓住这个契机，大力普及科学知识，传播科学精神，提高青少年的科学素质，是我们全社会的重要课题。

　　《科学新导向丛书》内容包括浩瀚无涯的宇宙、多姿多彩的地球奥秘、日新月异的交通工具、稀奇古怪的生物世界、惊世震俗的科学技术、源远流长的建筑文化、威力惊人的军事武器……丛书将带领我们一起领略人类惊人的智慧，走进异彩纷呈的科学世界！

丛书采用通俗易懂的文字来表述科学，用精美逼真的图片来阐述原理，介绍大家最想知道的、最需要知道的科学知识。这套丛书理念先进，内容设计安排合理，读来引人入胜、诱人深思，尤其能培养科学探索的兴趣和科学探索能力，甚至在培养人文素质方面也是极为难得的中学生课外读物。

本册《交通：让出行更通畅》是一本关于交通科技的科普读物。便捷的交通工具拉近了人与人之间的距离，让我们的生活节奏更加欢快！然而，交通工具发展到今天并不是一帆风顺的。从传统的畜力交通工具到近代的人力交通工具，再到现代高速发达的机械交通工具，这期间经过了一个缓慢的过程，尤其是现代交通工具凝聚了众多科学家的心血。本书主要从陆上交通工具、水上交通工具、空中交通工具、交通设施以及交通规则几个方面展开介绍，通过浅显流畅的文字，让读者了解各种交通工具的同时了解相关的交通规则，体会科学家们严谨的工作态度和顽强的意志，培养自己求真求实的精神。

阅读本丛书，你会发现原来有趣的科学原理就在我们的身边；

阅读本丛书，你会发现学习科学、汲取知识原来也可以这样轻松！

今天，人类已经进入了新的知识经济时代。青少年朋友是 21 世纪的栋梁，是国家的未来、民族的希望，学好科学是时代赋予我们的神圣使命。我们希望这套丛书能够激发同学们学习科学的兴趣，消除对科学冷漠疏离的态度，树立起正确的科学观，为学好科学、用好科学打下坚实的基础！

目　　录

第一章　交通纵横

第二章　陆上交通

科学新导向丛书

第三章　水上交通

第四章 空中交通

第一章

交通纵横

古代的交通工具

1. 独木舟：交通工具的滥觞

早期的人类大多是沿河而居的，跟水打交道多了，早期人类便渐渐发现一些轻的东西在水里竟然不会下沉，这其实就是我们现在认识到的水的浮力。为了适应捕鱼和渡河的需要，人们使用简单的工具创造了最早的水上工具——独木舟。这个时期大概是石器时代。有的学者曾在丹麦马格勒莫塞发现了一些古代的桨，经分析竟发现它们是公元前 8000 年左右的东西。在英国的约克郡，也有人从一个泥沿炭泽中发掘出了一支公元前 7500 年的木桨。这支桨一定是用来划一种中间掏空的独木舟的，其年代约为公元前 6300 年。在我国，1956 年在浙江出土的古代木筏，据鉴定是 4000 年前旧石器时代的遗物。舟筏的历史，可以追溯到史前，独木舟的制造和应用，是人类历史上的一件大事。有了独木舟，人们的活动范围扩大了，从此可跨越水域去开拓新的天地。

早期的独木舟都很原始。原始人类将巨大树干用火烧或用石斧加工成中空的独木舟，虽然简单，但可以做得相当大。在英国的林肯郡就发现一只独木舟，竟长达 16 米，宽 1.5 米。

2. 筏与木船：现代船舶的雏形

制作独木舟对缺乏先进工具的原始人来说，实在是太复杂了。人们又将树干、竹竿、芦苇等捆扎成筏，或用兽皮做成皮筏在水上浮行。筏相对独木舟来说要稳当安全得多，并且取材方便，制造简单。但是这种筏的性能也不大好，遇上激流则稳定性很差。人们又开始寻找方法寻找别的东西来代替。

进入青铜器时代，人们已经掌握了青铜器具，能够比较轻易地将原木劈开成板来造木板船。考古学家们在考察古代木船时很惊异地发现这些船与现代的木船几乎一模一样：外面用木板拼接或搭接成为船壳子，中间加上几根横木作为船的"肋骨"；为防止漏水，在木缝里则塞些麻布、油灰之类的东西，使其弥缝。由此看来古人造船的技术确是十分高明。

3. 帆船：人类航运的一大进步

木船和筏航行时的动力一般是篙橹或桨，但是用他们来行船并不令人满意，既费力又低效。人们便寻找一种新的工具，这种工具就是帆。传说有位巴比伦的英雄加麦西企图漂洋过海时，遇到在死水处摆渡的艄公，艄公要他制作一根 18 英尺长的篙，可是可怜的加麦西发现，他就是把 120 根这么长的篙接起来也撑不到海底。怎么办？他发现海面上正刮起了风，于是他便脱掉了身上的衣服，举起双臂当做桅杆，扯起衣服作帆，站在船上随风吹去。这个传说说明人们已经认识到了可以借助风力行船，帆船于是也自然而然地出现了。

帆船的历史大约有 6000 多年了。在埃及出土的一件公元前 40 年的陶器上便绘有最古的帆船的图像：船的前端突出向上弯曲，船的前部有一个小方帆。不过这种船有个弊病就是只能利用顺风，不能利用侧旁吹过来的风。不过人毕竟是最聪明的，在漫长的历史中，我们的祖先一步步地对帆船的结构和样式作了改进，不断提高帆船的性能。船造得越来越大，帆和桅杆越来越多，速度越来越快，水面上逐渐成了帆船的一统天下。从 15 世纪至 19 世纪中叶，是帆船发展的鼎盛时期，15 世纪初中国航海家郑和远航东非组成的庞大船队便都是由帆船组成的。1492 年哥伦布率领西班牙船队到西印度群岛时乘坐的"圣玛丽亚"号，就是一艘长 28 米、排水量约 200 吨的三桅帆船。在帆船发展史上，地中海沿岸的古希腊古罗马人，西北欧最优秀的航海民族维京人，以及中国人都作出了巨大的贡献。帆船发展的最后一个顶峰是 19 世纪中叶美国的飞剪式快速帆船，在此之后，蒸汽轮船兴起，帆船便渐渐没落了。

4. 轮子：人类最伟大的发明

在远古时代，人们采集和狩猎所得的收获物必须搬运，陆上最早的运输工具是木棒，或者由两人抬，或一人扛。在考古发掘出来的约 5000 年前苏美尔人的石雕上，就刻有两人用一根木棒抬死鹿的图像。后来人们又改用橇，这种橇其实就是一种在地面上滑动拖曳的木板。这种橇的摩擦阻力很大，并且由于路面不平整往往造成很多不方便。于是人们便又在木板底下安放圆木，让橇在上面滚动，便大大减少了阻力。可是这种方法也很费力，常常要边拉橇边放圆木，人们又想出一个方法，将圆木固定在橇底下，省却了许多麻烦。这种固定在橇底下的圆木便是以后轮的雏形。

不要小看这个发明，夸张地讲，轮改造了整个人类的历史，因为轮不仅仅用在运输上，而且用在科技的许多领域，例如，机械中缺少了圆形的齿轮，肯定成不了机器。轮的出现，将人类的交通事业向前推进了一大步。

5. 苏美尔人和中国人的车

许多学者认为：车是苏美尔人在公元前 35 世纪首创的。从圆木滚子分出轴和轮两部分，既是橇进一步形成车的过程，也是橇和车的明显区分，苏美尔人正是首先完成了这一步。我国也是历史上最早使用车的国家。相传在 4600 年前黄帝大战蚩尤时就出现了车。大约 4000 年前，一个名叫薛的部落以造车闻名于世。中国的许多古书中都记载了"奚仲造车"的故事，在我国历史博物馆中，现在还陈列着一个商代车的模型，这是一辆精致的两轮车，有一辕、一衡、两轭、一舆，从结构上讲十分完整，体现了中华民族当时高超的造车技术水平。

中国古代的造车技术，一直都比西方人先进。在中国的周代，便开始用油脂作为车辆的润滑剂，汉代就出现了四轮车，比西方早了一个多世纪。在东汉和三国时期出现了一种经济又实用的运输工具——独轮车。这种车现在还能见到，其优点是重量轻、体积小，不占空间，什么路都能走，特别适宜于羊肠小道。《三国演义》中诸葛亮六出祁山时，蒲元造了"木牛"为蜀军运送粮食。据许多学者考证，这种"木牛"就是一种独轮车。中国古代还有张衡发明的自动记路程的记里鼓车、三国时代马钧发明的指南车、八轮车、十二轮车等等。中国古代车的发展早已成了中国文化最具魅力的部分之一。

6. 驾马服牛：马车的兴衰

车最早是由人来推的。当人们已经能够驯服牛、马等牲畜后，人们又用牲畜来牵引。畜力车比人力车载运能力大，而且速度也快，行驶里程也更远。单驾两轮车是畜力车的最初韵形式，但后来就用两匹或四匹马驾车和牵引。驾车的马称为服马，而在两侧同牵引的则是骖马。而古代埃及则又发明了一种轭，将轭加在牲畜肩上，通过制成弓形的部分和加上垫子减轻绳索的压力。在漫长的历史过程中，马车逐渐成为陆地上使用最多的交通工具。在战争中，马车还成为一种强有力的武器，以其快速、冲击力强而成为诸兵种中的王牌之师，在中国的商周时代，一国的军事实力甚至还要以战斗马车的数量来衡量。

在欧洲，罗马帝国普遍采用马车来运送邮件。随着商业的发展和马车道路逐渐发展，陆上的交通运输任务几乎都由马车来承担。欧洲中世纪的 19 世纪，马车的运用已十分普遍，到了 20 世纪，马车改变以往的木铁结构，采用橡胶轮胎和滚珠轴承，同近代运输工具铁路列车和汽车并存。但后来马车的长途运输，逐渐为铁路运输所取代，陆上短途运输也遇到了汽车强有力的竞争。马车便逐渐退出了历史舞台。

7. 中国特产：抬轿

轿是由人前后相抬的一种工具。在西方载人行走的工具一般是马车，而在中国，轿却成了最基本的交通工具，这种工具的动力是人，因而往往只有那些有钱有势的人才能够雇得起人抬轿。在中国，轿成了人们身份和地位的象征。

轿的构造很简单。简陋的两根竹竿加一床凉椅就是一抬；复杂的，用布、木板做一个漂亮的木笼，配上凳子让人坐。轿的构造简单，可是规则倒挺多，比如说抬轿的人数越多，越能显示乘轿者身份的尊贵，皇帝的轿子没有定数，有时十二抬，有时十六抬，前呼后拥的。

轿子的来历已不可考，不过一般认为这种工具可能是从山乡里产生的。上山爬坡，极为不便，一些脚力不够的人尤其如此，于是便雇人抬上去。这种形式传到城市就演变成轿子了。

抬轿

古代交通设施和管理

1. 悠悠古栈道，凄凄十里亭

行进在四川的山间，说不定您会走上这样的一条路：蜿蜒于群山峻岭间，道路以木为支撑悬于山崖侧面，上顶青天，下临深渊，使人时时担心会一脚踩空掉下去。这种路就是栈道。

在战国和秦汉时期，我们的先辈就修建了许多条栈道，多在今天的川、陕、甘、滇境内，据估计总长度达 5000 余里。这些古栈道，是将人从山上吊下来，一锤锤地在崖壁上凿出一个个深孔，插进木杆铺上木板，覆上泥土而修成，或是直接凿出一条隧道或半隧道供人通行，还有一种如泰山"十八盘"那样的梯子崖。这些栈道对于穷乡僻壤与外界的沟通和交流，起了至关重要作用。

中国古代还盛行馆驿制度。这种制度大概是从秦代而起，内容也就是在官道上十里设一亭，三十里设驿。驿站的作用主要是给路人改换马匹和提供食宿。到西汉时期，设亭道路延续总长竟达到了 10 万里。唐代是古代道路发展的极盛时期，初步形成了以城市为中心四通八达的道路网，清代以北京为中心的"官马大路"分成东北路、东路、西路和中路四大干线，其总长有4000 余华里。这样的道路长度，在古代堪称世界之最。

2. 古代西方的路

在古代希腊，修路和行车有许多禁忌。希腊人认为，有森林、泉水等风景优美的地方是仙人的幽居，凡人不能打扰，要筑路则未免要破坏自然环境而触犯仙人。因而他们修的路很少，与其说是搞交通运输的大道，还不如说是通向庙堂的林荫道，因而，双轮马车不得不在曲折的山间小道上行驶。

波斯（今伊朗）人在公元前 500 年左右建立了一个强大的波斯帝国。在大流士皇帝的统治下，波斯修筑了许多驿道，从首都苏萨到各省区都有驿道相通，其中最长的是从苏萨到一个名叫"小亚以弗所"的城市，这条路被称为"御道"，全长 2400 公里，每 20 公里就设一驿站。波斯人修的驿道与中国人不同，不是为了方便旅行、通邮或各地进行的物资交流而设，而是出于军事和行政管理的需要，因为当时波斯是一个尚武、积极向外侵略的国家，军队调动频繁，因而也就需要运送粮食装备，在政府所在地和边防前哨间传达命令和递送情况。御道的修筑，方便了波斯帝国的侵略扩张，在公元前514年左右，大流士占领了欧洲的一部分地区，波斯成为跨亚非欧三洲的大帝国。

罗马人在公路建设上有很大成就，他们建立了完整的公路系统，在罗马帝国的全盛时期罗马人在各地修了大约5万英里长的公路。罗马人没有像希腊人那样迷信，而是用技术逢山开路、遇水架桥、排干沼泽，将贯通全国的公路修得经久耐用。调动的军马、骑马的信使、双轮马车和满载货物的四轮马车，无论在什么气候、什么季节中都能安全通过。

3. 西方高明的筑路技术

罗马的筑路工程师一般都是就地取材，将一些大石头打碎，铺成路基，再在上面盖上碎石和沙子。若没有现成的石料，就用砾石和泥灰。在沼泽地带，他们就打桩，用木料筑起堤道。大多数的公路边都和现在一样，有整齐的镶边石，而在城里街道的两边都有高起的人行道，在经常下暴雨的地区，路修得中间凸起竟然还能够排水。

不过，由于罗马帝国的衰亡，欧洲的道路受损严重，在中世纪的前半期，整个欧洲大陆没有修过一条新的公路。但岛国英吉利倒是例外，一个瞎子梅特卡夫最先修公路，他像罗马人一样，用石料打地基，上面铺几层碎石或碎瓦夯实。靠这个办法，30年中他竟然修了180英里长的很好的公路。不过这种公路有个毛病，就是没有铺路面。后来他的同胞特尔福特用双层的片石作路基，将小石子填在空隙里，上面铺上7英寸厚的碎石，最后再铺上一层砂砾夯实作路面，这种路面强度很高，有人曾做过这样的试验，将现代10吨重的压路机在这种古道上来回轧压，路面和路基竟然完好无损。这种铺路的技术可见十分高明，现在一些农村机耕路用的还是这种方法。

4. 灵渠：漓江与湘江的握手

古代的人们不仅修建了许多的马路，而且也修了许多运河。灵渠就是我国最早的一条运河。

公元前221年，秦始皇统一中原后又挥师南下，派50万秦军南征岭南的百越。百越人顽强抵抗，造成军事上的长期对峙，秦军的粮饷转运出现了很大困难。秦始皇于是便命令史禄率领士卒开山凿渠，支分湘水，连通了漓江。

灵渠修筑的贯通，使秦军进攻没有后顾之忧，终于征服了百越，并在岭南设置了桂林、象郡、南海三郡进行治理。秦始皇的一统天下也有灵渠的一份功劳呢！

灵渠是我国古代劳动人民一锄一锹开出来的。灵渠艰巨而复杂的工程，精巧而奇特的设计凝聚了古代劳动人民的智慧和才能。灵渠的许多经验，在现代还被广泛应用。灵渠只有30余公里长，但它连接湘江和漓江，沟通了长江和珠江两大水系。秦代以来，直至清代，灵渠一直是岭南地区与中国水路交通运输的大动脉。内地和岭南的人员交流、物资往来，主要都依靠灵渠。因此，灵渠对于促进岭南地区经济文化的发展、促进中华民族的融合、维护国家的统一作出过重大的贡献。在今天，如果去灵渠旅游，还能看到供奉史禄等四位对灵渠有重大贡献的人物的"四贤祠"，就修在灵渠边上，表达了人们对他们深深的崇敬之情。

5. 大运河：让长江黄河同时搏动

大运河是世界上最长的运河，也是中国古代最伟大的水利工程。这条大运河北起北京，最南端为杭州，途中经历了天津、河北、山东、江苏、浙江五省市，贯通了海河、黄河、淮河、长江、钱塘江五大水系，全长近2000千米。

大运河自开凿以来，大概经历了2500余年的历史。有案可稽的文献表明，大运河的开凿是始于春秋末期。公元前486年，著名的吴王夫差为了问鼎中原，利用长江三角洲的天然河湖港汊，开凿了运河的一支——邗沟，并疏通了苏州到扬州的"古故水道"。后来，秦汉魏晋和南北朝继续施工，延伸河道。

最大的一次施工是在隋朝开始的。当时中国富庶之地处在苏杭地区，粮食、丝织品，一些奢侈品都在这个地方生产。为了促进经济流通，隋炀帝605年下令开通济渠，608年又开永济渠，610年，继续开江南运河，至此，建成以洛阳为中心，由永济渠、通济渠和江南运河连接而成，南通杭州，北通北京，全长2700余公里的大运河。

运河在修建后，逐渐成为南北漕运的要道，宋代为组织运输，专门设立了转运使和发运使，管理全国运河以及漕运。随着运河通航条件的改善和管理的有序化，运河航运发展起来。航运兴旺又促进商业繁荣，运河两岸出现了许多名城，苏州、杭州、无锡、扬州等城市就是那时兴起来的。

由于黄河多次改道和洪水等缘故，大运河在历代被多次维修。在1855

年，黄河在河南决口，在山东大清河流入渤海，至此，运河断了水源。清末和民国时期曾几度倡议修河，但都是"雷声大、雨点小"。到新中国建立后对运河进行修复，运河中又开始航运，并能起到灌溉和排涝等作用。古老的大运河终于又焕发出了勃勃生机。

6. 中国瑰宝——石拱桥

中国是桥的国度，特别是在江南水乡，水网密布，随处都可见各式各样的拱桥，这些拱桥并不像现代修筑的桥那样，用钢筋混凝土整体结构，而是将许许多多的石头用灰泥拼接而成，每一块石头的力都用得恰到好处而使桥不会垮掉。这些桥不用钢筋混凝土，却也能安然如山，经过几百年上千年的历史。

这种拱桥最著名的是河北省赵县的赵州桥。这座桥是隋代的李春在公元607年左右修建的，至今已有1300多年的历史。它是一座单孔圆弧石拱桥，也是现存最古老的大跨径石拱桥，全长有50多米，而且它的四个小拱修建得十分有新意，既能减轻桥的重量，也能减轻洪水对桥的挤压。桥的外形十分美观，桥望石上雕有花卉和兽头图案，桥栏杆上刻有龙兽浮雕，姿态惟妙惟肖。赵州桥的建成使得河两岸交通畅通无阻，因而有诗赞美："坦平箭直千人过，驿使驰驱万国通"。

中国古代的名桥还有洛阳桥、宝带桥等，不过更有名的是卢沟桥。卢沟桥建于金代，至今已有800多年历史。

7. 夜色中的明珠——航灯

我们都见过港湾的航灯，它的主要作用是为夜里航行的船指引方向。希腊人在公元前5世纪就知道用它来指示港口。最著名的古代灯塔是埃及亚历山大城的法老修建的，它立在一个小岛的末端，用白色的大理石修成，有许多层，十分美丽壮观。世界上有一个古代的奇观——罗德巨像，也是一座灯塔，这座巨像人们普遍认为是太阳神的像，横跨在罗德港的入口。

所有的早期灯塔（包括罗马人建的灯塔）都是用石料或毛石建成的塔。它的主要作用是以光亮来引导船的行驶、安全入港或避免搁浅触礁。一到黄昏，专门有守塔人在塔尖上的一个容器里燃烧木炭或煤炭，后来改用油灯或汽灯照明。这种灯塔在我国海港也比较常见。我国宋元时代的泉州是个国际性的海港城市，有许多船只停泊，泉州港口的六和塔就是灯塔，如今已成了珍贵的历史文物。

灯塔到 18 世纪才有一些改进，如英国的埃迪斯通灯塔，最初是木结构，后来改成橡木和铁结构，最后于 1759 年改成混凝土结构，用蜡烛作为光源，后面用简单的金属镜反射蜡烛光。这种铁结构或混凝土结构的灯塔，在现在的美国西海岸的一些地方还能看到。

1780 年，一个叫阿冈德的人发明了一种适用于灯塔的燃油装置，但是这种装置到 19 世纪末就被废弃了，因为用乙炔气体更好。1822 年有人制造出一种透镜，能将光束集中起来再投射出去，这种镜子被用到灯塔上改进了灯塔的照明。这种复合透镜直到现在还在被使用。

8. 浮标：航行的路碑

据考证，浮标是在 11 世纪前后开始在欧洲应用的。早在 1066 年，浮标就用来给维塞尔河的船只导航，而且在 17 世纪之前，在德国和波罗海沿岸已经广泛地使用了。更重要的是，德国人最先想出一种办法给可以通过航行的水道的船只导航，这种方法是用特殊颜色和形状的浮标，指挥船只向右转或向左转。

最初使用的浮标是用铁线箍起来的木桶或木筒。1845 年，出现了最初的铁制浮标。这是一个铆接的桶形的铁结构，桶形，高 8 英尺。现在世界上通用的仍是铁的或软钢做的浮标。

在浮标上使用灯以前是使用声信号。这种浮标通常是在浮标的顶上系一个铃；浮标在水上浮动便会带动铃发出声音。19 世纪末叶，美国的一个发明家发明了浮标自动员哨。波涛的起伏将空气压入固定在浮标底部的一根管子里，浮标的起伏运动又使一个活塞在一个圆筒里运动。这种运动促使空气从底部的管子里通向装在浮标顶部的一个哨子，这样便产生时断时续的哨子声，吸引航海者的注意，以修订航向。浮标现在还十分常见，在许多河边，仍能看到圆锥形的涂上鲜艳颜色的东西，那就是浮标。

9. 古代的交通管理

中国秦朝时期，秦始皇在道路修建方面强调"车同轨，书同文"，给车、路修造定下了统一的规则，并且大修车马大道，统一道路宽度，采取了一系列举措。在中国以后的历史中，馆驿制度兴起，亭驿的长官都由政府任命，直接归属政府领导。亭驿工作人员拿政府的薪俸，按政府的意旨办理交通、邮传等事物。

道路管理没有十分明确的规定，不过。由于中国的等级制度十分森严，所以也形成了一定的道路交通规则。官员在大街上过，各色民众要回避，皇帝公然出宫要戒严。旧时街道往往很窄，官员们迎面而过的话，谁的官大谁先过，职位低的先在一边待着。不认得的官员，往往看轿子的抬人数，抬轿的人越多就越有优先权。没有规矩，却也能井然有序。

西方国家也有这种尊卑制度，不过一般说来没有这么严格。只有当君主出来时，才会出现戒严和回避的情况。

10. 官匪一家：西欧的海航管理

欧洲人的航海活动自古频繁，中世纪时代是航海史上一个重要的历史阶段。在十字军兴起的中期，地中海的一些港口每年组织两次大规模的商队开到东方去，其中一次是在耶稣复活节前后，另一次是在夏季圣约翰节日（6月24日），启程日期可以因事大小而有变更。不过，欧洲对航海业的管理水平体现在对港口的管理上。中世纪时期的港口管理，专门有法律进行规范。这些规范中有很好的港口章程，规定了适当的停泊办法和其他安全措施，对于违反法律的人进行惩罚。除用法律管理外，英王亨利八世在1514年还正式建立了半官方的英国海员协会一三一社，对船舶和海员进行管理。

北欧的海盗举世闻名。9世纪~10世纪，海上行劫是所有北欧民族的一种职业，这些海盗有的是些乌合之众，有的是有组织的帮派，其中有的受本国政府收买为政府干杀人放火的事。在政府的怂恿和唆使下，他们被用来作为反对敌对国家的手段。十二三世纪时，意大利的一些公国这样做过。英国国王也曾派海盗袭击法国人，损害北海和波罗的海上的竞争对手。许多国家竟荒唐地给海盗船发布"敌船捕拿许可证"，给海盗行为披上合法的外衣。13世纪波罗的海出名的大海盗阿尔夫是个贵族。有一次，属于德国商人的30只小艇曾巡逻海面来搜捕他。阿尔夫只得灰溜溜地逃回老家去，在那里，国王又把他提升一级爵位，并将他保护起来，赞许他的"爱国行为"。这件事成为西欧航海史上一个天大的笑话。

汽车的诞生

汽车，作为现代文明的宠儿，现代交通运输的主角，与人们的生活密切相关。在号称"小汽车王国"的美国，总共拥有小汽车 1.2 亿辆，有人把小汽车比喻为"美国人的鞋"，人没有鞋就不能出门，美国人没有小汽车就寸步难行。

然而，汽车在世界正式诞生，才不过 100 多年的历史。我们所说的汽车，是指有动力装置（发动机）驱动，有 4 个或 4 个以上的车轮，在陆地上行驶的车辆。在第一次产业革命即蒸汽机发明之前，人类所用的车的动力不是用人力，或是用畜力，而蒸汽机的出现，才使汽车的雏形得以问世。1769 年，法国人居然制造了一辆有三个轮子的蒸汽机车，每小时可行驶 3.6 千米，可乘坐 4 名乘客。此后一些国家先后制成了蒸汽机汽车。

但是蒸汽机汽车的缺点是很突出的，它本身笨重不说，乘坐这种车又热又脏。人们在研究，能不能造一种让燃料在发动机内部燃烧的汽车。1885 年，德国人苯茨制成了一辆装汽油发动机的三轮汽车；1886 年德国人戴姆勒制成了一辆四轮汽车，每小时可跑 18 千米。这时真正的汽车才正式诞生。进入 20 世纪，汽车工业在美国得到快速发展，大规模的流水作业的汽车装配线使汽车产量大幅度增长，使汽车迅速普及，成为大众化的商品。

汽车

日趋漂亮的汽车造型

最早的汽车，看上去和马车差不多，不同的是前面安装了发动机，人们称它为马车型汽车。这种车大多是敞篷的或装有活动布篷，前面和侧面都没有车壁。所以戴上帽子和护目镜的驾驶员也只能避风而已。1908 年，美国福特公司开始生产这类汽车的佼佼者——T 型车。它结构精巧，结实耐用，容易驾驶，价格低廉。受到人们欢迎，成为最著名的马车型汽车。

接着，福特公司又改进了 T 型车。新的 T 型车外形方方正正，就像一个大箱子，有固定的车顶，带有窗子的车壁，这就是"箱型汽车"的开端。此后各大汽车公司都开始生产箱型汽车。但在 1920 年前后，T 型福特车在数量上占有绝对优势。美国人曾这样形容过福特车数量之多："你根本无法超过 T 型车，因为当你超过一辆时，马上眼前又会出现另一辆 T 型车"。

随着汽车的普及，生活节奏的加快，人们要求不断提高车速。为提高车速，一方面要加大发动机的功率，另一方面要减小行车的阻力。为此，人们首先想到了要降低车身的高度，以减少空气阻力。1900 年，一般车高是 2.7 米，1910 年已降到 2.4 米，1920 年又降到 1.9 米，这个高度一直保持到上世纪 30 年代。这时人们发现，车身如果降得太低，会影响驾驶员的视野，乘客也会感到憋闷，于是转而致力于增加发动机的功率。从此，先后出现了 4 缸、6 缸，甚至 8 缸的发动机。由于发动机功率增大，体积也增大，车身的形状亦随之改变，出现了一种"长头"的箱型汽车；这种车在上世纪 30 年代曾风行一时。有趣的是，箱型车有一个"远亲"，就是越野车。这种车的功率大，但它不求高速，有较高的底盘，四轮驱动，能较轻松地在崎岖不平的地形上行驶，所以特别适用于野战，在第二次世界大战时深受军人欢迎。最有名的是美国的吉普车。

箱型汽车的阻力还是太大，在前面车窗、车顶，特别在车后，都会产生空气涡流，大大影响了汽车的前进速度。为了解决空气阻力问题，人们吸收了飞机设计的经验，开始用风洞试验来研究汽车的造型。结果发现，前圆后尖的形状所产生的空气阻力最小。根据这种气动力学原理，1934 年美国克莱斯勒公司研制出崭新的流线型汽车——"气流"牌。1937 年福特公司推出了 V8 型车，其他汽车公司也先后推出了自己的流线型车。最有名的当属德国"大众"牌的甲壳虫型车。德国杰出的汽车设计师波尔舍博士，从甲壳虫的形状受到启发而设计出这种流线型车。由于第二次世界大战的影响，这种车到 1949 年才投产。甲壳虫车共生产了 2000 多万辆，至今墨西哥、巴西等国仍有生产。作为一种历史上最畅销的车型，"甲壳虫"在汽车史上留下了光辉的一页。

　　第二次世界大战后，汽车制造业有了很大发展。美国福特公司于 1949 年再次推出了具有历史意义的新型 V8 小轿车。这种车把车轮罩、发动机罩和行李舱罩合为一个整体，车灯不再单独安置在车轮罩上，而与散热器罩连在一起，与发动机罩结合成美观、平滑过渡的一个整体，后面就是驾驶室。由于整个造型像一只船，所以采用这类设计风格的汽车，称为"船型汽车"。由于发动机位于驾驶室之前，车的重心前移，汽车就不会在行驶中因横向风而晃动。40 多年来，世界上生产的轿车大多属于船型车。1960 年前后，有的汽车公司曾给船型车加上尾翼。这仅使人感到美观而已，随着审美观点的改变，尾翼已消失了。还有一种后窗为反倾斜式的车型，以便后排乘客可以坐得更舒适。但汽车在高速行驶时，这种后窗会产生强烈的涡流和噪声，所以也被淘汰了。现代的船型车又恢复了简洁的风格，像我国在 80 年代引进的奥迪 100 型，就是成功的一例。它是船型车中空气阻力最小的一种。

　　但船型车的车尾较长，在高速行驶时还是会产生较强的空气涡流。人们对此加以改进，设计出"鱼型轿车"。这种车在船型车基础上，将后车窗逐渐倾斜，与同样倾斜的车后厢相接，形成斜背式的后部，由于与鱼的背脊相似，所以也叫"鱼型轿车"。美国 1952 年生产的别克牌小轿车，是最早的鱼型车。由于在鱼型车内乘客舒适，司机视野广阔，车的正、侧面阻力小等优点，鱼型车便成了一种重要的车型而受到人们的喜爱。但鱼型车的侧面，类似放大了的机翼横断面，在高速行驶时像机翼那样会产生一种使车子离开地面的升力，虽然一般不会发生危险，但如果有侧向风吹来，会影响汽车行驶中的稳定性，于是又给鱼型车的尾部加一翘起的尾巴，以克服一部分升力，于是便产生了鱼型鸭尾式车。解决鱼型车产生升力问题的彻底办法是采用楔形外型。这种楔型车的车身很低，车头尖尖的，车尾逐渐升高后徒然下切。现在很多跑车就是这种楔型车的代表。但完全按楔型设计汽车，乘坐的舒适性会受到影响，所以在传统的船型车后部设计中采用一些楔性效果，就会得到实用、美观相结合，受用户欢迎的车型，现在宝马系列的小汽车就是这种车型的代表。

　　经过近 100 年的发展，轿车的外形发生了不少变化，将来的汽车造型会进一步减少阻力，而且更加美观。

安全守护神

现在，有很多汽车上都配备了安全气囊。即使乘坐有气囊的汽车，也要系好安全带。有人统计过，只用安全气囊不用安全带，发生撞车事故，保护率下降20%。如果安全气囊与安全带配合使用，在事故中可以保护司机和乘员安全，保护率达46%，若是只系安全带，保护率为41%。

安全气囊是安装在汽车上的一种高技术安全装置。装上气囊后，当汽车受到大于16千米/小时~32千米/小时的速度撞击时，由一种叫传感器的装置感觉出这一撞击，并发出信号，使点火装置点火，而氮气团体粒子释放出氮气，并立即充满原来折叠着的气袋，这个过程在千分之5.5秒~千分之6.5秒内完成，保证汽车在还没有被撞瘪之前，膨胀起来的气囊能够垫在方向盘和司机之间，防止伤害司机。

汽车在行驶过程中，如果需要紧急制动，特别是在高速行驶时，若是踩急刹车，轮胎被抱死不转或打滑，轮胎与地面呈现滑动摩擦，这样，几乎没有抓地力，制动性能很差。若是制动中轮子是滚动的，制动效果反而好。当制动时，若是把前轮抱死，汽车会失去转向能力；若是后轮被抱死了，会出现甩尾或调头，也就是跑偏侧滑。特别是在路面湿滑的情况下，更是危险。

安全气囊

这时司机的驾驶方向盘也不能控制车的方向。资料表明，汽车侧滑造成事故占交通事故的 10% 以上。

为了防止制动时把车轮抱死，而失去制动力甚至发生事故，汽车上采用了防抱死制动系统（ARS）。防抱死是 1932 年由一名叫维奈的人发明的。先是用在飞机上，后来才引用到汽车上。它的作用是，检查出车轮有锁死现象，立即就"点放"刹车片，消除锁死现象，保持轮胎与地面抓地力，并把抓地力保持最大；而且能保证驾驶员控制行车方向。

防抱死制动系统，有电子式和机械式的，电子式防抱死制动系统效果好。这种系统是由转速传感器、电脑和调制器组成的。当汽车轮子转动时，传感器能产生交变的信号，信号变化频率与车速成正比。刹车时，电脑从传感器获得轮子转速的信号，若是信号频率降低太快，这说明刹车中轮子即将被抱死。于是电脑发出命令，使制动器油压不增加，之后再使油压减小点，接着再加点油压。一秒钟内多次重复这一系列动作，结果就能使轮子不被抱死。最好的防抱死制动系统是每个轮子各有一个。

德国的汉诺威交通事故研究组（由汉诺威教学医院和柏林技术大学组成），分析 182 起交通事故，得出结论，若是采用防抱死制动系统，可避免 7.1% 的交通事故；若是发生交通事故，也可减少 13.9% 的物资损失和减少 17.4% 的人员伤亡。

汽车上的防抱死制动系统，技术完善、成本低，美国的小汽车，1990 年仅有 2%~5% 装有防抱死制动系统。2000 年，90% 的汽车已装上防抱死制动系统。从 1992 年开始，德国斯图加特市，ABS 已成为轿车上的基本装置。

汽车上的防抱死制动系统，从 1975 年在汽车上使用，到现在仅 20 多年，但已发展到第五代。现在的防抱死制动系统，结构紧凑、质量轻、成本只有原来的 2/3。现在的防抱死制动系统还有许多其他的性能，比如保证汽车稳定性、防侧滑、防止加速打滑等。

防抱死制动系统的发展与应用将大大提高汽车的价值和功能。

轿车贵族

在 1993 年北京举办的国际轿车展览会上，美国通用汽车公司展出了一辆超长豪华型凯迪拉克轿车，吸引了众多的参观者。这辆轿车极尽奢华，车内设有酒吧、冰箱、席梦思、浴池、闭路电视等。

通用汽车公司早在 1902 年就推出了第一辆凯迪拉克 A1903 型小轿车。当时这辆轿车并不豪华，发动机为单缸，有两个前进挡、一个倒挡。这辆汽车诞生之时，正逢底特律市创建 200 周年，于是便以底特律市创始人凯迪拉克的名字命名这辆车。凯迪拉克车从此诞生。

经过后来的发展，凯迪拉克名气越来越大，成为多位美国总统的座驾：罗斯福、杜鲁门、艾森豪威尔、尼克松、里根，直至克林顿，于是凯迪拉克就成了身份高贵的象征。

凯迪拉克轿车

轿车，一般是指装有轿式车身，座位在 8 座以下的小型客车。轿车车身一般为封闭式，设 4 个车门，也有设 2 个车门的敞篷式轿车。轿车的发动机一般放在前面，行李仓在后面。

　　轿车的分级是按发动机的排量来分的。发动机的总排量是全部汽缸的工作容积之和。单位是升。各国分级标准不尽相同。我国规定：发动机排量小于或等于 1 升，属微型轿车。这种汽车很轻巧，一般重量在 500 千克左右，乘坐空间紧凑，价格低廉，油耗低，如我国贵州生产的"云雀"轿车就属于此类。发动机排量在 1.0 升 ~ 1.6 升的，属于普通级轿车。此种车价格不高，油耗不大，因而使用广泛。排量在 1.6 升 ~ 2.5 升的，属于中级轿车。排量在 2.5 升 ~ 4 升的，属中高级轿车。排量大于 4 升的，属于高级轿车。一般排量越大，功率就越大，加速性能越好，车内装饰就越高级、越豪华。这种车一般有三排座位，车速可达 160 千米 ~ 200 千米，价格昂贵。如前面提到的凯迪拉克、英国的罗尔斯·罗伊斯（又译"劳斯莱斯"）、美国的林肯牌轿车都属于高级轿车。

　　罗尔斯·罗伊斯轿车的名贵之处，在于其高超的手工工艺、优质的材料和精湛的工程设计。罗尔斯·罗伊斯公司创立于 1904 年，该公司至今还拥有几十名高级工匠和制造车头标志的能工巧匠。罗尔斯·罗伊斯轿车车厢采用仔细挑选的桃木，用手工打磨得光亮无比，其真皮座椅系人工用整张真皮精心缝制的。据说，每辆罗尔所·罗伊斯轿车竟有 8 万个以上零件是手工装配的。1907 年，一辆车身各凸出部分全部用银包裹的罗尔斯·罗伊斯轿车，取名"银灵"，该车被选为英国女王的检阅车，由于做工精细与材料坚固耐用，至今"银灵"仍在全世界出尽风头。

　　罗尔斯·罗伊斯汽车公司于 90 年代推出的大陆 R 型新款轿车，车长5.342 米，宽 2.044 米，高 1.462 米，重 2.5 吨。该车 4 门 4 座，装有 6.75 升8 汽缸和 16 气门发动机，具有涡轮增压和数车式电子喷油控制装置，最大功率达 264.6 千瓦。最高时速可达 250 千米。最可贵的一点是其加速性能极好，从 0 到 100 千米的时速加速时间仅为 6.6 秒。

　　林肯牌轿车是美国第二大汽车公司福特公司生产的，原美国总统布什选它作为专用轿车。车身用特别装甲钢板和超强化的防弹玻璃制成，以保证总统安全。车内装有通往各国首脑的电话，车体上还装有吊钩，能够空运到各地，方便总统外出活动时使用。

领袖座车

历代各国国家元首和政府首脑座车多数是当时最好的车。

美国历届总统自威尔逊后，多乘坐林肯牌轿车，并把其作为国宾车。前美国总统布什乘坐的林肯特级豪华防弹车，重75吨，价值60万美元。不仅宽敞舒适、安全可靠，而且有两套双向无线电通话设备和先进的信息控制中心，可随时处理公务。

德国梅塞德斯—奔驰高级轿车，性能极佳，设备也属世界一流，许多国家元首和政府首脑都选用这种车作为座车。德国总统魏茨曼·魏茨泽克、前总理科尔以及纳粹德国元首、第二次世界大战主要战犯希特勒都是乘坐这种车，希特勒的座车挡风玻璃有5厘米厚，车门装有2.5厘米厚的防弹钢板，轮胎中配有装有特种钢丝编织的防弹网。汽车的底盘是经过加强处理的，地雷都炸不坏。座车内多处装有子弹上膛的手枪，车重59吨。

前苏联领导人多乘坐吉斯牌轿车。前苏联最后一位领导人戈尔巴乔夫的座车是"吉尔"牌轿车改装的，重5吨，驾驶室两侧和车顶防弹钢板厚达6.6厘米，汽车装有8缸发动机，是一个实实在在的油老虎，每百千米耗油272.8升，是一般轿车耗油量的几十倍。

我国开国领袖毛泽东及刘少奇、朱德、周恩来是乘坐前苏联生产的防弹"吉斯"车，后来乘坐国产的红旗牌轿车。

日本天皇的座车，是1965年日产车厂研制的日产型总统型轿车。1965年在东京车展上亮相，只生产了7辆。30多年来仍为日本唯一大型豪华轿车。1990年它进入了第三代，全长5.2米，宽1.8米，是世界上第一辆在后座装SRS安全气囊的轿车。为减少气囊的副作用，后座的气囊与前座不是同时鼓出，以防止乘客受惊，车内有彩色电视、卡拉OK、可控音响等设备，电动后座可以调节得很舒适，后座有6个专用音响喇叭和独立的空调机。车的外型浑圆，前面挡风玻璃内有加热线，可以自动消除霜雪，保证行驶安全。

"奔驰"全球

在 1992 年德国《世界报》公布的世界十大著名商标中，德国生产的高级轿车梅塞德斯——奔驰——名列第三。足见奔驰汽车在全世界的知名度了。

戴姆勒·奔驰汽车公司总部在德国西南部的斯图加特市。这是全德国绿色最多的城市，有著名的风景名胜，辉煌秀丽的宫殿广场和席勒广场。更重要的，它还是世界著名的汽车城。

奔驰（苯茨）和戴姆勒是现代汽车的发明人。1885 和 1886 年他们分别制成了一辆三轮汽车和四轮汽车。奔驰汽车采用一台两冲程单缸的汽油发动机，功率为 0.662 千瓦。此车虽然简陋，但已具有了一些现代汽车的特征：火花点火、水冷循环、后轮驱动前轮转向等。戴姆勒的四轮汽车有 0.81 千瓦，发动机的转速每分钟可达 650 转。该车试车时，车速达到每小时 18 千米，这在当时是了不得的成就。1926 年，以他们俩名字命名的汽车公司——戴姆勒·奔驰汽车公司——在斯图加特宣告成立。汽车品牌则采用"梅塞梅斯·奔驰"。

说到"梅塞德斯"，这里还有一段趣话：一位奥匈帝国的外交官对戴姆勒汽车很感兴趣，他有一位美丽的小女儿叫"梅塞德斯"。他用女儿的名字命名戴姆勒汽车，参加汽车比赛获得头奖，"梅塞德斯"从此名声大振。以后就用此名命名推销戴姆勒汽车，获得很大成功。戴姆勒·奔驰汽车公司成立后，便采用了梅塞德斯·奔驰的牌名，至今畅销不衰。

在第二次世界大战期间，希特勒就采用"梅塞德斯·奔驰"770K 作为自己的座车。这辆特制的元首专车，挡风玻璃厚 5 厘米，防弹钢板厚 2.5 厘米，甚至轮胎里也有特种钢丝编织的防弹网，车内暗处藏着多枝希特勒喜爱的"路加"牌袖珍手枪。轿车的底盘加大了强度，地雷爆炸也不至于车毁人亡，整部车重量超过 5 吨。该车的仪表盘和车门框都是珍贵木材特殊加工而成的，而车顶、椅套和地板面全部采用真皮缝制。这种车共造了 17 辆，斯大林和墨索里尼各有 1 辆。

戴姆勒·奔驰汽车公司中，不追求高产量而追求高质量。它主要生产高档豪华轿车、大客车和重型载重汽车。在世界十大汽车公司，奔驰汽车的产

奔驰汽车

量最小，一般年产 60 万辆左右，但其销售额和利润都名列前五名。戴姆勒·奔驰公司在全球共有 29 个子公司，其汽车一出厂就保修到底，在全球建有 6000 个维修点。

奔驰的汽车产品：载重汽车有 110 多种型别，其最重的重型车 3850AS，最大功率 368 千瓦，拖载能力达 220 吨；1984 年投放市场的 6.5 吨～11 吨新型载重汽车，采用了诸多新技术，引起很大轰动。轿车新产品有 W201、W124、R129 和 W126 四大系列。90 年代，它又推出了 W140 系列取代 W126。W140 共有五种型别，其中第五种也是最高级的一种是 600SE/SEL，发动机排量为 6 升，输出功率为 300 千瓦，此型车的最高车速为每小时 250 千米，其加速性能堪称卓越，从 0 千米～100 千米的时速加速时间只有 4 秒。

戴姆勒·奔驰汽车公司唯一授权的德国 AMG 公司在 600SE/SEL 的基础上改装了特制加长防弹豪华轿车，是供国家首脑及高级行政人员用的公务专车。加装了车载电脑，有面对面的真皮座椅，可以召开车上会议。

奔驰汽车，就像它那著名的圆圈和三叉星商标所显示的那样，正在"奔驰"全球。

会飞的汽车

汽车从上世纪发明以来已经过了一百多年，而飞机从上世纪初发明以来刚刚过去一百周年，一个在陆地上奔驰，一个在天空里翱翔，随着科学技术的进步，汽车、飞机在各自的领域花样翻新地竞赛着，令人眼花缭乱。新型飞机、新型汽车在航空和陆地运输中大显身手。

有没有一种既可在陆地上奔驰，又能在天空飞翔的轿车？或者说一种既能在天空飞又能在地面跑的飞机呢？人们一直在探索着。并制成了很多样车。应该说，实现空中和地面"两栖"并不困难，困难在于如何使"两栖"用起来十分简便易行。比方说，地面轿车的外形很难适应空中飞行的空气动力要求，而空中飞行的两条伸展的机翼在地面非但派不上用场，而且还妨碍交通。因此，如何设计一种两全其美的会飞的轿车就成了人们攻关的目标。

会飞的汽车

美国一家航空器公司已经造出了一种"空中"轿车。这种轿车的"翅膀"即飞机机翼很短。这样它在地面当汽车用时，"翅膀"不必拆除或折叠起来，在高速公路上行驶时十分方便。如果想升空的话，只需要把汽车发动机开到全功率，"空中轿车"在公路上疾驰 375 米便可腾空而起，像飞机一样飞行。

美国研制的这种"空中轿车"有两个型号：双座型和四座型。双座型的重量为 600 多千克，四座型的约为 1.3 吨重。飞行速度为每小时 300 千米 ~ 500 千米，航程为 1200 千米 ~ 1600 千米，续航时间为 3 小时 ~ 4 小时。

该轿车装备了陆地空中两套驾驶与控制系统。如果在陆地上跑，就用"陆地挡"，车前的螺旋桨静止在水平位置，发动机驱动车轮旋转在陆地上奔驰。如果在天上飞，就打开"飞行挡"，螺旋桨就旋转，拉着"空中轿车"在空中飞翔。

"空中轿车"的车轮像飞机的起落架一样，是可以收放的，在天上收上去，在地面又放下来。

空中轿车的仪表是两用的，而对驾驶员来说，则必须具有陆地驾车执照和飞行执照才行。

另外据报道，美国还出现了另一种"空中轿车"。这种被称为"武勒 400 型"的车，飞行时速可达 600 千米，乘载 4 人，航程为 1500 千米。该车的设计很有特点：它使用可旋转的类似百叶窗的叶片，能把发动机的推力引向天空，汽车便会升起；汽车升空之后，如果把叶片放横，汽车还可平飞。该车装备 4 台发动机，只有 2 台是活动的，所以维修比较方便。即使发动机全部失灵，凭借车上装备的降落伞也可以安全降落。

这种轿车的发明人武勒说，他已发明了一套自动驾驶自动导航系统。驾驶员只需按按钮，轿车就被自动驾驶，而人可以优哉游哉地睡大觉或看电视！

为了解决空中轿车的空中交通问题，武勒还设计了一系列看不见的天空公路。用电脑来计算，空中轿车再多也不会相撞。当然这种天空公路是没有交通警察，也没有红绿灯的。

有人乐观地估计，到 21 中期世纪，空中轿车会像出租车一样普遍。

无人驾驶的汽车

在 30 多年前，天上就有了无人驾驶的飞机，不过无人驾驶的飞机并不是为了载客和载货物，而基本是用于军事目的，如侦察、监视、通信、电子对抗和对地攻击等。美国有名的 U2 飞机就是一种能在高空飞行的无人侦察机。人们不禁推想，在天空中都有无人驾驶的飞机，在地面上能不能有无人驾驶的汽车呢？

地面上的交通环境要比空中复杂得多。空中空域大，而地面上几厘米的误差，就会导致可怕的车祸，因此，无人驾驶的汽车必须应用最先进的电脑，达到高输出、高水平才行。

过去也曾出现过一种简单的无人驾驶汽车，它采用的无线电遥控技术，像无线电遥控飞机模型飞翔一样。这样的汽车只能按人事先设定的程序，机械地在地面运动，因此，它只是无人驾驶汽车的雏形。

随着电子计算机的发展，电脑装备汽车已成为未来发展的趋势，最近国

无人驾驶的汽车

外已研制出了无人驾驶汽车，也称为"智能汽车"、"电脑汽车"。

这种汽车装备了完备的电子计算机系统和电视摄像机。它的前座可以没有司机，而在后座上坐着乘客。汽车像有人驾驶一样运行自如，甚至比最熟练的司机更为在行。它沿着马路行驶，如果突遇障碍物，汽车会自动刹住，而当障碍物移走时，它又恢复行驶，疾驰而去，直到自动地行进到目的地停止。

那么，这种无人驾驶汽车是如何运行的呢？

无人驾驶汽车在它的右前方，装上了 2 台摄像机，实际它代替了司机的眼睛，观察着前面的交通情况，然后把这些信号输送给计算机进行处理。计算机经过处理后，再发出相应的指令，指令会驱动汽车的车轮，要么刹车，要么转弯，要么减速，要么增速，一切都得心应手，坐在汽车里的乘客完全不必担心。因为计算机的精确度不知要比人的操纵高出多少倍。实际上，安在汽车里的电脑就是"驾驶员"，一辆无人驾驶的汽车就是一个会快跑的机器人。

当然，现在这种电脑汽车还不十分完善，例如对于复杂气象、阴天和夜间，它还不灵，主要是摄像机还难以判定这种情况。但是，随着科学技术的发展，将来更先进、更完备的电脑汽车肯定会出现的。

将来会有一天，人们利用汽车代步出门，只需把要到达的目的地和时间等信号输入汽车上的计算机，你和你的伙伴便可以在车厢里安全舒适地到达自己要去的地方。如果每部汽车成为计算机系统的一个终端的话，那么数百万辆的汽车都可以由容量庞大的巨大计算机来管理，数百万辆汽车在地面上的运动将由统一的交通指挥中心来调度，这该是多么壮观、奇异的场面！

月球汽车

从 1886 年德国人戴姆勒制成了世界第一辆四轮汽车开始，100 多年来，各式各样的汽车发展有如雨后春笋。目前，汽车已成为人类居住的星球上最普及、数量最大的交通工具。随着航天技术的普及，汽车这个地球上的宠物，竟然也登上了月球，并在月球上大显神通，成为唯一的交通工具。

1969 年 7 月 20 日，一件破天荒的事件发生了。人类第一次登上了月球，美国发射的"阿波罗"11 号宇宙飞船载着宇航员阿姆斯特朗和奥尔德林在月球上着陆了。但首次登月，没有带去月球上的交通工具，这可苦了两名宇航员，他俩徒步在月球上进行了一系列科学考察，因为要穿着笨重的宇宙服，携带必要的仪器，还要采集月球上的土壤标本，这大大消耗了他们的体力。1971 年 5 月，当宇航员们乘"阿波罗"14 号宇宙飞船第四次登月时，他们带来了一辆手推车，比第一次登月条件是改善了，但是还得用人力来推车。直到 1971 年 9 月 30 日，美国再次发射"阿波罗"15 号飞船时，带去了"巡行者"1 号月球车，才在月球上有了第一辆真正意义上的汽车。

当然"巡行者"1 号是一种专门设计有专门用途的特殊汽车。这种汽车由蓄电池供给动力，每个轮子由一台电动机驱动。车轮轮胎是特殊橡胶制作的，在高温和低温下也会有弹性。这是因为月球的白天黑夜温差很大，白天高达 127℃，夜晚低达 −183℃，地球上的汽车在月球上是无法行驶的。宇航员操纵手柄驾驶月球车前进、后退、转弯和爬坡。车上装有照相机、摄像机和一系列仪器设备，并可存放收集来的岩石和土壤标本。这一次，宇航员驾驶月球车行驶了 27.9 千米，收集了 77 千克岩石和土壤。

"巡行者"1 号月球车长约 3 米，宽 1.8 米，重 209 千克。它每小时可跑 16 千米，最远可行驶 91.2 千米。

在随后进行的两次登月中，月球车都发挥了重要的作用。在"阿波罗"15 号和 16 号飞船登月中，月球车分别行驶了 27 千米和 35 千米。更重要的是，月球车竟成了电视转播台，利用月球车上的摄像机和电视传输设备向地球实时发回了登月实况转播，还播放了宇航员离开月球、登月舱上发动机喷气的壮观景象。

除了"巡行者"1号这种有人驾驶的汽车外，月球上还曾出现过无人驾驶的汽车，这是由前苏联发射的。1970年11月17日，前苏联"月球"17号探测器把世界上第一辆无人驾驶的"月球车"1号送上月球，并行驶了10.5千米，考察了月球表面；后来的"月球车"2号，行驶了37千米，向地球发回88幅月面全景图。

　　"月球车"1号、2号均用太阳电池和蓄电池供给动力。它的结构样式与汽车迥异，由轮式底盘和仪器舱组成，底盘下有8个轮子。月球车根据地球上发出的指令在崎岖不平的月面上行驶。构思巧妙的是，因为无人驾驶，它在出现紧急情况时，比如车子倾斜过大时，解锁机构会自动把轮子与传动机构脱钩，以防止月球车翻车。在车上的仪器舱内，装有一系列仪器和照相机、摄像机及通信设备，它们能自动采集月球岩石和土壤，拍摄月球表面景象及探测月球辐射状态等。

　　自1972年12月"阿波罗"17号登月后，人类登月计划暂告中止。但是人类会不会再次重返月球呢？回答当然是肯定的。

　　既然将来肯定会重返月球，那月球上就需要有更先进的汽车。科学家们正在研制供月球上使用的多种汽车。

　　轻便的三轮摩托车，一人驾驶，由电池驱动，车长2.1米，重78千克。这主要是在月球表面行驶的交通工具。还有一种火箭车，由火箭发动机驱动，有趣的是，它没有轮子，而是跳跃式前进，速度快是它的特点。还有一种中型月球车，长6米，重3000千克，一次充电可行驶325千米。它没有轮子，却有像坦克一样的履带，因此可以越野爬坡。它的车体是密闭的，可以载客4人，载货715千克。

　　在21世纪，月球上还会有更先进、更新奇的汽车大行其道。

电动汽车

　　谈起汽车，人们就会想到纵横交错、四通八达的公路以及那些遍布于公路旁的加油站。的确，汽车为现代社会的交通带来了极大的便利，没有汽车的社会甚至是不可想象的。但是，现在的汽车，绝大多数是内燃机汽车，是靠燃烧汽油或柴油来产生动力，这就在给人类提供极大便利的同时也带来了严重的问题：一是消耗大量石油资源；二是释放大量含铅、硫、氮的氧化物等有害气体，污染破坏自然环境。

　　地球上的石油资源毕竟是有限的，不能无限制地消耗下去。70 年代出现的石油危机，使汽车生产大国，特别是石油资源贫乏的大国，紧张了一下子。假定有朝一日，石油供应中断，一些国家的交通就会陷于瘫痪。

　　说到城市的环境污染，汽车的确是罪魁祸首。几十万辆甚至上百万辆的汽车在城市的街道上疾驰，犹如同样数量的小烟囱在施放烟雾，城市的空气污染程度相当严重。

　　有没有办法解决汽车所造成的公害呢？分单双号行驶仅仅是权宜之计，不是长远办法。人类要努力研制使用其他能源，少污染的汽车，电动汽车便在考虑之列。

　　电动汽车，就是以电源为动力的汽车，它并不是什么新玩意儿。早在

电动汽车

1873 年，英国人就制成了世界上第一辆有实用价值的电动汽车，1892 年美国人也制成了电动汽车并在芝加哥展出。到 1915 年，美国电动汽车的产量超过了内燃机汽车，达 5000 辆。但是以后，电动汽车就逐步被内燃机汽车所取代。其主要原因是，电动汽车所用的蓄电池笨重、能量低、充电时间长、使用时间短的缘故。但当内燃机汽车大量发展所造成的公害日益严重时，人们才又想起了电动汽车。

但这并不是历史的简单循环，新型的电动汽车必须克服过去电动汽车的缺点才会有新的生命力。

电动汽车与内燃机汽车相比，其优点是明显的。它依靠蓄电池作为动力，电能的来源非石油一家，水力、火力、风力、沼气均能发电。电动汽车的效率比内燃机汽车高 5%。蓄电池的充电可选在夜间电网低峰时刻，最大的优点是，电动汽车不产生废气，不必担心污染问题，而且电动汽车的噪声也要比内燃机汽车低 5 分贝~10 分贝。

但是内燃机汽车风行于世，自有它存在的理由，它可达到 100 千米以上的时速，一次加油行程可达数百千米。而电动汽车目前这方面还难以企及。

电动汽车发展的关键在于改善蓄电池的性能，使之能量大、寿命长、成本低。世界工业发达国家都在竞相研制新型蓄电池。德国研制出的一种蓄电池，电池寿命可达千次以上，一次充电可行驶 200 千米，时速可达 130 千米。日本制成了一次可连续行驶 180 千米的电动汽车。我国于 1985 年 3 月也制成了"中山湖"牌电动汽车，最高时速 60 千米，一次行程可达 150 千米。在世界上，电动汽车技术领先的还是美国。其发展思路是把电动机与汽油发动机结合在一起为动力，在市区行驶时用电动机系统，在郊外公路上使用汽油发动机，这种车可以省汽油 25%，还能减少对市区的污染和噪声，具备了两种汽车的优点。

电动汽车的发展还会带来一系列新兴产业的繁荣，如电池制造、充电器、充电站、电动机制造业等，当然也会对传统产业造成冲击，如遍布世界各地的加油站的命运就是一个问题。

从发展方向上看，未来的汽车必定属于电动汽车。在 21 世纪，新型的电动汽车将成为汽车行业的主角。

蒸汽机车趣事

大家都知道，在炉子上把水烧开的时候，水壶会发出"咕噜咕噜"的声音，壶盖也会被水蒸气顶起来。要知道，如果一壶水完全变成水蒸气，要用1650多个水壶才装得下呢。如果把水壶密封起来、就会产生很大的压力，可以用来推动机器。蒸汽机车的力气这么大，就是靠水蒸气的力量。

大家从图中可以看到，蒸汽机车分为前后两部分。前一半，是个大水壶似的锅炉，用煤加热锅炉里的水，水变成蒸汽，推动传动机构。带动轮子，轮子一转，火车就跑起来了。机车的后一半，是一辆装煤、水的车厢，叫"煤水车"。有了这两部分，机车就可以飞速前进了。

世界上最早行驶于轨道上的蒸汽机车诞生于1804年，是一位姓特里维西克的英国人设计制造的。他的蒸汽机车屡次发生事故。又未能得到进一步改

蒸汽机车

进．只好半途而废。特里维西克本人于 1823 年在贫病交加中死去。

世界上第一台能实用的蒸汽机车，是英国工程师斯蒂芬森设计制造的。它于 1814 年制成，取名"半筒靴"号。经过改进，斯蒂芬森又制造出旅行号，于 1825 年在世界上第一条标准轨距铁路上正式运行，从而开创了铁路运输的新纪元。

1833 年 5 月，英国赛姆松号机车在道口上将一辆满载牛油的双轮马车撞倒。事故发生后，铁路企业管理者建议在机车上安装汽笛。蒸汽机车创始人斯蒂芬森采纳了这个建议，首先在机车上安装了汽笛，能及时告示铁路沿线的行人和车马，为防止事故作出了贡献。

蒸汽机车是 18 世纪下半叶工业革命时期的一大发明，它开辟了近代运输的新纪元。当时，英国人把工业所需的煤炭从利物浦运到曼彻斯特。用铁路运输的费用仅为用马车运输的 1/5，可见蒸汽机车带来了巨大的经济效益。

此后，随着技术的发展，蒸汽机车的性能不断得到改善 1938 年，美国的赫德森 232 型蒸汽机车拉着 560 吨重的列车。平均速度就可达到每小时 193 千米，最高速度则达到每小时 200 千米。

但是，蒸汽机车工作起来很费能源。所烧掉的煤中，只有 7% 用于推动车轮，93% 的煤都没有被利用。同时，蒸汽机车还要"喝"大量的水，每走 10 千米就要消耗 2000 千克的水。这在缺煤、少水的地区就很不方便了。此外，机车冒出的黑烟会污染环境，蒸汽机车的操作也较复杂，劳动强度大，又是加煤，又是加水，还要注意锅炉的蒸汽压力等等。

随着科学技术的不断进步，出现了内燃机车、电力机车。与蒸汽机车相比，它们具有更好的性能。可以把运费进一步下降 1/2。很多国家。早在 60 年代就用内燃机车或电力机车取代了蒸汽机车。

漫话内燃机车和电力机车

内燃机车和电力机车都诞生于 19 世纪末。内燃机车的工作原理是：让柴油或煤气燃料在汽缸里燃烧，利用燃烧时产生的温度高和压力大的气体去推动活塞，带动车轮前进。而电力机车则利用电力，通过电动使车轮转动起来。

这两种机车比蒸汽机车先进多了。内燃机车可把燃料的 28% 用于转动车轮，这比蒸汽机车只用 7% 的燃料高出了 3 倍，加足了油和少量水，一口气就可以跑上 1000 多千米。虽然内燃机车本身的造价是相同马力的蒸汽机车的 2 倍，可运行费用仅是蒸汽机车的 40% 左右，而且铁路沿线的辅助设施较少，所以总的维修费用也较低。在国外，特别是美国，几乎都采用柴油机车，并且大部分是由柴油发动机驱动发电机，用产生的电力再驱动电动机使机车行驶。采用这种传动方式的机车，叫做电传动柴油机车。在英国，伦敦与爱丁

电力机车

堡之间行驶的电传动柴油机车德尔奇克号，牵引 1500 吨的列车时速可达 160 千米以上。世界上柴油机车的先锋是德国，早在 1937 年，飞行汉堡号就已达到时速 187 千米的高速。在日本，由于石油要靠进口，柴油机车数量并不多。在我国，内燃机车已成为铁路运输的主力。总之，在经济性和高速化方面，柴油机车有着很大优势。

柴油机的发明者是德国人，名叫鲁道夫·狄塞尔。他到美国推销他发明的柴油机，美国通用电器公司一位叫兰普的技术人员，试用德国人的柴油机组装了一台电传动的内燃机车。这是世界上第一台用柴油机作动力的机车，是内燃机车电传动原理的第一次应用，是现代内燃机车的鼻祖。内燃机车虽然有不少优点，但目前内燃机的单机功率还不如电力机车的电机功率大。如果铁路要翻山越岭，有些路段坡度较大，这时内燃机车就有些"力不从心"，要改用电力机车了。我国的宝成铁路，经过秦岭的一段路山势陡险，行驶的就是由我国自制的电力机车。

电力机车有直流、交流两种。机车内装有电动机，利用电力使车轮转动起来。它的机械构造比内燃机车简单，购买、保养的价格都较低，而且功率大。它的工作效率很高，没有污染。在电力资源较丰富的国家，如日本，电力机车就占绝对优势。用煤作一次能源，进行火力发电，有 30% 的热能可以转变为电能，而电力输送及电机工作的效率都很高，所以电力机车的能量利用率较高，远远大于蒸汽机车只有 7% 的利用率，因此，应用电力机车可节约能源。但电气化的铁路沿线要设置变电所、电网，这些设备要花很多钱。所以，在运输繁忙的干线上，电力机车较为适用，而在运输不忙的支线上，使用内燃机车更为经济、合理。

世界上最早实现铁路电气化的国家是多山地的瑞士。而电气化铁路线路最长的国家是苏联。到 1983 年，苏联的电气化铁路有 46826 千米，占全世界的 27.1%，占全苏联铁路的 32.6%。电气化铁路线路在 1 万千米以上的国家还有日本（14438 千米）、德国（11553 千米）、法国（10335 千米）。

我国也在积极建设电气化铁路，如陇海路（兰州—连云港）、宝成路（宝鸡—成都）、郑武路（郑州—武汉）、大秦路（大同—秦皇岛）、丰沙大路（丰台—沙城—大同）等，都已电气化了。随着社会主义事业的不断发展，铁路电气化会越来越普及。

五花八门的铁路车辆

铁路车辆的种类很多，基本可分为货车与客车两大类。根据不同的货物，所设计的货车又有三种基本类型：敞车，宜于运载大件设备及散装货物，如煤等；篷车，宜于运载需防潮的货物，如水果、贵重货物等；平板车，宜于运载大型货物。此外，还有许多特种车辆，如罐车，宜于运载液体货物，如油类、液体化工原料等；还有冷藏车、牲畜车和运载汽车的双层或多层专用货车等。

客车也有坐席车、卧铺车之分。从外貌看来，这些车辆大体都相似。在美国，客车身长为85英尺，重60吨～80吨，而英国的客车身长为67英尺，欧洲大陆的客车身长86.5英尺，重50吨～60吨。各国的客车内部设计都有所不同。

在我国，坐席车的通道在中央，一侧为双人座，一侧为3人座，全车有近120个座位。美国的客车座位布置与我国的相似，但有的是两侧均为双人

铁路客车

座。在欧洲，客车均为包厢式，每包厢有6个~8个座位，其布局与我国的软卧车厢相似。此外，有的国家包括我国在内，有双层客车，以搭乘更多的乘客。美国的卧铺车厢中有8间双人室，24间单人室，可容纳40人。我国的硬卧车厢每个隔间有6个铺位，而软卧则每个包厢有4个铺位。

　　为了减少旅客坐火车长途旅行的疲劳，人们都希望火车上能有卧铺，可以休息睡觉，能有餐车，可在车上就餐。发明卧车和餐车的人是美国一位设计师，叫乔治·蒲尔曼。1865年，他和同事一起研制出先驱者号卧车，并投入铁路运营。这是世界公认的最早的正规卧车。1868年，他进一步研究，发明了带有厨房的餐车。没过多久，他又发明成功带有豪华单人坐椅的客车及连廊车厢，取得了一系列的成就。1867年——1890年，他创办了世界著名的蒲尔曼车厢公司，专门从事制造装配在美国主要铁路上行驶的卧车。

　　为了与公路、航空客运竞争，铁路客车内都及时地安装了先进而舒适的生活设施。如，为使旅客在冬夏、昼夜旅行时免受高寒或酷热之苦，客车车厢内就安有空调。英国是在铁路客车内首先安装空调的国家。空调全名是空气调节器，它可以冷却、加热、净化和干燥（英国较潮湿）空气。于上世纪30年代，德国、法国、美国、日本等国先后从英国引进此项新技术，有的还直接从英国斯通公司购置空调设备安装在客车上。现在，空调客车数量最多的国家是美国，其次是日本。

　　为发展旅游业，吸引更多旅客乘坐火车，在美国沿途有游览景点的铁路线上还运行着一种有透明圆顶的客车，乘客坐在隆起的玻璃圆顶客车内可观赏沿线风光。由于铁路运输受到其他运输方法的挑战，各国铁路公司都想方设法吸引更多的主雇和旅客，有的甚至在车厢中设有图书馆、儿童游乐场等。可以设想，将来会出现更新型的铁路车辆，以适应经济发展的需要。

追赶飞机的高速列车

1964 年日本在东京一大阪间建成世界上第一条高速铁路——日本东海道新干线。10 月 1 日，正值第 18 届奥林匹克运动会开幕的日子，世界铁路史上最快的列车开始运营了，乳白色"弹丸号"列车好像飞梭似的行驶在铁路线上。每小时行驶 210 千米，车内设备舒适，车站上现代化设备的控制及监视作用都令人耳目一新。

日本东海道新干线高速铁路的成功，引发了世界高速铁路热，使铁路走进了高速时代。

日本后来又建成了山阳新干线、东北新干线、上越新干线。现在日本的高速列车速度已达 270 千米/小时，最高的已达 350 千米/小时。

日本高速铁路运营 30 多年，运送旅客 40 多亿人次，旅客转运量是全国的 1/3，但却保持着死亡事故为零的纪录，这在铁路运输安全方面是一个空前

高速列车

的成绩！

法国的高速铁路发展比日本晚20年，但后来者居上，已在世界占领先地位。

法国的高速铁路运营证明，他们采用的技术是完全可靠的。法国的高速列车创造了515.3千米/小时速度的世界纪录，它打破了轮子在轨道滚动前进时速不能超过500千米的传统观念。

高速铁路列车比小轿车快2倍，票价比飞机票便宜2倍。在1000千米距离范围内旅行，高速铁路列车与飞机竞争力很强。高速铁路列车每天能够有很多对车互开。法国1996年新线路完工后，东南线巴黎—里昂有23对，大西洋线巴黎—波尔多有17对。

高速铁路已成为当代铁路发展的主要标志，在全世界掀起了建设新高潮。法国和德国高速铁路开通获得成功后，推动了全欧洲铁路主要干线高速化，高速铁路网正在形成。仅到2000年，全欧洲已修建9000千米高速铁路。如果你去欧洲旅行，可在各处乘上高速、安全、舒适的高速列车。

美国政府1994年——1997年间约拨款6.46亿美元发展高速铁路和磁浮列车。德克萨斯州投资60亿美元，修建一条高速铁路，2015年完成；到2000年宾夕法尼亚州将修成750千米高速铁路；到1999年佛罗里达州将建成510千米……

澳大利亚投资60亿美元修建870千米高速铁路，这将是迎接2000年奥运会的工程之一。韩国投资133亿美元建409千米高速铁路，2000年开通启用。世界上还有很多国家和地区修建高速铁路。

高速列车所采用的电能种类是各不相同的，所以不能通用。法国铁路部门设计出一种可以用于法国、比利时和荷兰的高速列车，并于1996年在巴黎、荷兰的阿姆斯特丹、比利时的安特卫普等城市之间运营，创造了高速列车在不同电制和信号制下运行的先例。

在"欧洲之星"以后又出现了新一代高速列车，叫"泰里斯"。1966年1月29日，两列"泰里斯"在巴黎—布鲁塞尔—阿姆斯特丹线路上试行。"泰里斯"列车两端都是动力车，8节客车，可载乘客377人，运行速度为300千米/小时。现在，它已在巴黎—布鲁塞尔—列日—科隆以及巴黎—布鲁塞尔—安特卫普—阿姆斯特丹之间运行，这正符合欧洲旅客的需要。法国、荷兰、德国、比利时等国铁路部门计划，到2005年以前，每年用"泰里斯"运旅客650万人次，这比现在的客运量翻了一番。

法国巴黎东南线列车很拥挤，所以，于1996年开发了TGV双层高速列车，它比单层列车多45%的座席。

飞起来的火车

　　传统的铁路，属于轮轨黏着式铁路，即车辆的车轮，在钢轨顶面上借助轮轨间的黏着力运行。这种铁路随着机车车辆速度的提高，轮轨间的黏着力会逐渐减小，车辆的走行阻力会逐渐增大。在车速达到极限值（350千米/小时～400千米/小时）时，车辆的走行阻力将大于轮轨间的黏着力，车轮就空转了，速度不可能再提高。

　　为了克服这一障碍，60年代初，有些国家开始研究非黏着式超高速铁路。这种铁路有气浮式和磁浮式两大类。

　　气浮式又称"气垫式"，是利用压缩空气使车体底面和导轨之间形成空气层（气垫），依靠气垫的悬浮力，使车辆悬浮于导轨面的空气层上运行。

　　经过一段时间的探索研究，从能源和噪音公害考虑，认为磁浮式比气浮式优越，所以，世界各国都转向研究磁浮式。

　　磁浮式又称磁垫式。各国对磁浮铁路经过多年研究，已经公认是一种很有发展前途的新型交通工具。其特点是速度快、无噪音、无污染、无振动、能源消耗少、不受气候影响、适合于长途超高速和城市中低速的交通运输。

　　磁浮列车的众多优点，都来自它的一个基本优点，即它消除了车轮与钢轨的摩擦。它不用常见的发动机，完全靠磁力运行。既没有在轴套中旋转的轴，又没有摩擦和撞击着轨道的车轮。也就是说不需要花相当大的费用，定期更换易磨损部件。因为不需要消耗动力去克服摩擦力，不仅能有效地利用能量，把列车从噪音和振动中解放出来，而且还能进一步实现列车的高速化。它的维修费用相对来说也比较低。常规高速列车必须进行连续监测，防止轨道上出现微小缺陷，因为这种缺陷能引起列车出轨（日本"子弹列车"的路轨，每夜都要重新校准）。磁浮列车却不同，它只有一条单轨，因轨道表面粗糙，不改变磁场不会带来任何问题。虽说它是地面交通工具，但它并不在地面上行驶，而是离开地面轨道，悬浮在一种看不见的"磁垫"上飞驰，因而被人们誉为会"飞"的列车。

会摆动的高速列车

以日本为首的许多国家修建新的铁道线路，但是也有的国家利用原有的线路，使用"摆式车厢"，也实现了铁路高速化。在高速铁路的弯道上行驶，由于列车受到离心力作用，使车轮的轮缘靠紧铁轨，产生强烈的摩擦，甚至还要挤动外边那根铁轨向外移动，严重时会引起脱轨并使列车倾倒。为了列车安全，弯道处外侧的铁轨必须加高（叫"外轨超高"），以使车厢产生向心力，抵消离心力作用。

另外，列车速度越大，弯道的"曲率半径"就要越大（也就是弯道的弯度越小）。所以为提高列车速度，需要修建新的铁道线路。

铁道轨距为 1435 毫米，称为"标准轨距"。凡是轨距大于 1435 毫米的称"宽轨"，如印度等国的铁路轨距为 1676 毫米，西班牙和葡萄牙采用 1617 毫米轨距，凡轨距小于 1435 毫米的称为"窄轨"，如南非、我国台湾等国家和地区采用 1067 毫米轨距。

原有窄轨铁路，曲率半径小，"外轨超高"不大，是不能通过高速列车的。反过来，若是列车以低速通过弯道，"外轨超高"太大，列车有可能向内倾斜，甚至倾覆（特别是窄轨更危险）。这可怎么办？人们采用摆式车厢来解决这一矛盾。

世界上第一列摆式电动车组是英国铁道科学研究中心从 1965 年开始，花了 15 年研制成功的。当列车在弯道行驶时，车体能自动向曲线内侧倾斜而抵消离心力的作用，使乘客感到平稳和舒适。当列车在直道上行驶时，车体又恢复了原状。

现代实用的摆式高速列车已得到各国的青睐。瑞典、意大利、西班牙、法国等国家都进行了长期研究，其中瑞典 X2000 型摆式高速列车尤为先进，在瑞典成功地运行多年，许多国家都积极引进这一技术。

这种列车前面是电动车和控制车。当控制车进入弯道区域，车上的两个"加速度仪"就测出了离心加速度，知道进入了弯道。控制车上的主控计算机对速度和距离进行计算，算出车体应倾斜多少。它发出指令给每个车厢上的受控计算机。各车厢受控计算机再发出控制信号，控制这一车厢车体倾斜。

原来，车体是支撑在一个整体支架上，它又是支撑在"转向架"上。控制信号驱动一种叫"驱动系统"的装置，使"转向架"带动车体倾斜。

利用传感器、电脑、控制驱动装置实现列车摆动，这叫"有源摆式列车"。它的性能好，但是，技术要求高、维修和运营成本高。

有一种无源摆式列车，不用动力装置，结构比较简单、技术要求低些，成本低、可靠性及可维修性好。但是这种无源摆式列车，摆动幅度较小，对离心加速度的补偿作用只有50%以下；另外它的摆动中心与摆动体重心不重合，使乘客会感到横向移动。无源摆式列车在日本、西班牙和瑞士已有成功的运用案例。

这完全是利用高技术实现列车自动摆动的。为了列车安全、舒适，还有许多很复杂的设备，所以造价很高。一列摆式高速列车需几百万美元，但它能在低速列车线路上完成高速行驶。摆式列车技术日趋成熟，可靠性在增加，它不但在现有线路上提高速度方面，而且在高速线路上提高舒适性方面，降低造价都有特殊作用，所以前景是非常美好的。

瑞典计划2003年前，将在6000千米的铁路干线上开行X2000型摆式列车，日本铁路在新开发的300X列车上也应用这一技术。

"欧洲之星" 高速列车

　　自 1994 年英吉利海峡海底隧道竣工, 穿梭于海峡之间的新型高速列车——"欧洲之星"即以它的高速、舒适、经济和安全成为备受旅客喜爱的交通宠儿。

　　这种由法国公司研制的高速列车属于第二代高速火车。最高时速每小时 300 千米, 比法国东南部高速火车的时速提高了 30 千米。时速提高的奥秘在于在牵引、空气动力学、制动系统等方面采用了新技术。新设计的自控同步牵引机车简化了设备, 提高了牵引力; 子弹头式的流线型列车使运行阻力减至最小; 新式制动盘可以使车速提高。另外, 列车还装备了先进的计算机系统, 驾驶室的主机与各列车的计算机连成网络, 随时传递信息。

　　"欧洲之星"的舒适性使旅客赞美有加, 它精心设置了悬浮减震设备和低噪声的空调设备, 各包厢宽敞明亮, 头等舱更为豪华, 每人拥有一个小"沙龙"。

　　"欧洲之星"的安全可靠性也是有保障的, 它不仅继承了第一代高速列车原有的安全系统, 而且另配置了计算机监控系统。至于在海底隧道内的运行

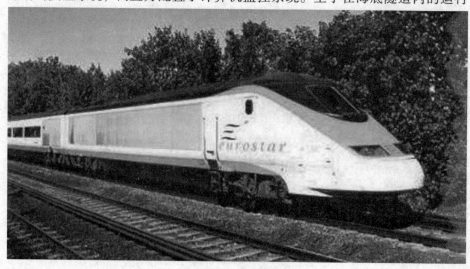

"欧洲之星" 高速列车

安全，在海底隧道设计时就已考虑周全了。因为海底隧道的直径为 7.6 米的铁道通道有两条，通行列车的往返分上下线运行，两条平行的主隧道相距 30 米，因而永远不会发生相撞或者脱轨事故。在隧道中一旦有其他事故，还可以利用中间直径 4.8 米的服务隧道将旅客疏散。

现代化的"欧洲之星"外观秀丽，车身上印着三条黄色的流线条和一颗黄五星，三条线代表字母 E，而 E 是英文 Europe 欧洲一词的第一个字母，其意义不言自明。

在英吉利海峡海底隧道修成之前，从欧洲大陆到英伦三岛的交通只有靠飞机，在海峡上也可以靠轮渡，不过那更加费事。"欧洲之星"通车后，它往返于伦敦、巴黎和欧盟总部布鲁塞尔之间，并把欧洲其他国家的高速铁道网联结了起来。以巴黎和伦敦之间的交通而论，乘"欧洲之星"全程只需 3 小时，而乘飞机，虽然飞行时间大约只有 1 小时，但是巴黎的戴高乐机场和伦敦的希思罗机场均在郊区，而且乘飞机要提前 1 小时到达，再通过安全检查等有关手续，所花费的总计时间有时要超过 3 小时。再从安全性和舒适性而言，飞机还是难以与高速火车相比。至于价格上的竞争，高速火车、轮渡和飞机之间肯定会十分激烈的。

"欧洲之星"运行于不列颠与欧洲大陆之间，把欧洲共同体联系得更加紧密，带给旅客的是快捷、舒适与方便。

漫话高速公路

　　高速公路是供汽车高速安全通行的现代化公路，它是随着汽车的发展而发展起来的。世界第一条高速公路是德国在 1933 年建成的汉堡—柏林的高速公路，然而世界高速公路之冠却是美国。虽然美国的第一条高速公路—加利福尼亚州高速公路——比德国晚了 4 年，但由于后来发展迅猛，美国已成为世界高速公路里程最长的国家。据 1986 年的统计，美国的高速公路总里程为83000 千米，占世界高速公路总里程的 60%。

　　从上世纪 20 年代开始，由于汽车的迅速增长，人们逐渐认识到人车不分、机动车与非机动车不分的混合交通，对汽车交通十分不利。在一般道路上常常出现交通拥挤、车速不高、交通事故多。其根本原因是行驶中的车辆彼此干扰太大。

　　为了排除这些干扰，欧美国家就提出建设汽车专用高速道路的设想。世界上最早的一条汽车专用道路，是 1921 年德国柏林建造的 40 千米往返分离的高速道路。上世纪 50 年代以后，高速道路得到了迅速发展。现在，国外的大城市都建有高速道路。最近 10 年来，我国的许多大城市，也陆续开始建设高速道路。

　　为什么高速公路上行车既安全又经济呢？这是因为高速公路有如下特点：（1）没有交叉车道，只有在更换线路时，才有进出车道；（2）相对行驶的车道之间，由中央分隔带隔开，除救援车外，不允许越过隔离带；（3）与其他公路、铁路、人行道是采用立体交叉；（4）外部的动物、人都由栏杆隔开，不允许进入公路路面；（5）没有左转弯；（6）一般有 4 车道——8 车道，大城市附近的达 12 车道，右边有紧急停车带，靠中央隔离带有应急车道，在紧急情况下供警察使用；（7）设施完善，标志十分齐全，如地面标线十分醒目，侧面有可变限速板、可变情报板，有专用广播电台，实行对司机进行"诱导"；（8）通信监控及控制手段先进，有很多公共电话、计算机网络；管理部门的中央控制室能随时掌握全区域行车状况，收集信息，分析处理，加以控制车流；（9）有健全的严格的管理办法，比如规定，行车方向左起第一车道为超车道，第二、第三车道为行车道；行车速度（我国）不低于 50 千米

/小时，不高于 110 千米/小时；行车保持 70 米~100 米车距；超车要按一定程序进行；不准倒车、逆行、随意停车、右超车、左转弯、穿越中央隔离带、调头转弯等等。（10）有完善的环保和用机械化养护道路；为保持生态平衡，种草和矮小树丛，防止水土流失；用机械养护路面，既经济，又防止出危险，而且效率又高。

美国的高速公路一般有 4 条以上车道，每条道宽 3.5 米、中间加 4 米~5 米宽的隔离带，有的铺设矮灌木或草地，边缘设有防护栏杆。高速公路每隔五六千米就设有醒目的路牌栏杆。美国建有一条世界上最长的高速公路，长达 4556 千米，横贯美国东西部。在美国高速公路上旅行，常常会看到中央隔离带调整车道的情况，这是根据来往双向的车流的变化而调整的。如芝加哥的 8 车道高速公路，平时双向为 4—4 车道，上午高峰时变为 6—2 车道，下午变为 2—6 车道，机动灵活地调整车道，大大疏通了车流。

欧洲高速公路也十分发达，现已形成一横二纵 3 条高速公路网。一横是东自奥地利维也纳，经荷兰、法国至西班牙，全长 3200 千米。纵向有两条，一条是丹麦—德国—奥地利—意大利，全长 2100 千米；另一条是波兰—捷克—奥地利—意大利—南斯拉夫—保加利亚—土耳其—叙利亚—伊拉克—伊朗，全长 5000 千米。在欧洲的高速公路中，德国最为发达，高速公路总里程为 10000 千米，法国为 6800 千米。法国十分注意保护公路两侧的景观。公路两侧的风景秀丽，令人心旷神怡。意大利高速公路全程为 5900 千米，英国为 3000 千米。

我国高速公路从 1984 年开始建设，至 1993 年止，已建成总里数为 1145 千米。如北京—石家庄高速公路 269 千米；京津唐高速公路 142 千米；沈阳—大连高速公路 375 千米。1993 年 8 月，被称为"国门第一路"的北京首都机场高速公路建成通车，该路西起三元立交桥，宽 34.5 米，双向六车道，全封闭、全立交。设计时速为 120 千米，这条高速公路建有 8 座立交桥、2 座跨河桥、9 座通道桥，道路两旁各有 50 米宽绿化带，是一条具有国际水平的高速公路。

随着世界经济和交通运输的发展，高速公路仍有相当广阔的发展前景。现在世界各国都在竞相研究新技术用于高速公路。如为了确保行车安全，疏导交通，日本已在公路两旁每隔一段距离都安装有超声波感应器和电话，安装摄像机，通过计算机处理后传递到公路显示屏上，以对行车司机进行指导。另外，在高速公路建设上强调实用性与艺术性的结合，努力营造赏心悦目的景观，这代表了未来高速公路的发展趋势。

立交桥畅想曲

若问改革开放以来，我国首都北京城市面貌变化最大的是什么，恐怕绝大多数到过北京的人都会说：立交桥。

立交桥，是现代交通的产物。它是指不在一个平面上的道路路口，将互相冲突的车流分别设置在不同高度的道路上，呈立体交叉形式，保证了车流互不干扰，畅通无阻。

立交桥主要由三部分组成：立交桥、引道和坡道。立交桥是指从上面跨越道路的跨路桥或是从下面穿过道路的地道桥；引道是指道路与立交桥相接的桥头路；坡道是指道路与立交桥下路面连接的路段。

立交桥的类型有分离式和互通式两种。

分离式立交桥是最简单的立交桥。它仅修建立交桥，使直行的车流不受阻拦，但不能互相连通。而互通式立交桥，设有连接上下相交道路的匝道，各路车流可以通过匝道转向行驶。这种互通式立交桥还分为完全互通式和部分互通式两种。结构形式多种多样，造型美观，有二层、三层、四层，甚至五层，气势雄伟，是现代化城市一大景观。如果在空中向下鸟瞰，更是赏心悦目。

世界最早的立交桥要算1858年建于纽约中央公园的跨路桥了。人们可能会问：汽车诞生于1885年，那时既然还没有汽车，干吗还建立交桥呢？原来是为了方便马车的通行。到了1928年，美国新泽西州才建了世界上第一座现代化的苜蓿叶式的立交桥，它属于完全互通式的立交桥，一天24小时可通行62500辆汽车。它的出现，更加速了汽车时代的到来，以后随着汽车数量的增多，高速公路的发展与城市交通的现代化，立交桥风行世界。

前苏联在60年代~70年代，在莫斯科修建了60多座立交桥，仅在花园环路上就建了19座。法国巴黎于1980年修建了9座立交桥。美国华盛顿外环路，全长115千米，连接所有的道路，全部采用立体交叉。

我国的立交桥最早出现于广州，那是1963年建成的。而北京出现立交桥是70年代的事，在1979年以前，只有复兴门、阜成门、建国门3座立交桥。而现今，截至1994年底，全市已有立交桥166座，居全国之冠。

北京立交桥是与主要道路工程相配套而建设起来的。众所周知的二环路，是北京拆除旧城墙建设环线地铁而出现的。全路长 23.7 千米，沿路有 20 座立交桥。其中的玉蜓桥蔚为壮观，犹如一只巨大的蜻蜓落在河岸，展翅欲飞。这座立交桥包括跨线主桥和 10 余座匝道桥、通道桥、地道桥及双层跨河桥，是三层互通式立交桥。

北京三环路位于二环路外围，全长 48.4 千米，沿线共建有 45 座立交桥。使全线消灭红绿灯并成为快速环路，车速每小时 80 千米，断面每小时车流量由改造前的 3000 辆提高到 8000 辆。其中天宁寺立交桥是目前北京最大的一座，该桥面积为 3.8 万平方米，比三元立交桥大 2.4 倍，是北京第一座四层的互通式立交桥。桥面高 11 米，又是北京最高的立交桥。三环路上另一座立交桥—菜户营立交桥则创造了桥梁最多的纪录。该桥共有桥梁 22 座，占地面积达 28.5 公顷。

南国城市广州，在立交桥的建设上也是先声夺人。1983 年 12 月 2 日建成的区庄立交桥，是我国最早出现的四层立交桥。该桥第一层为四车道机动车直行线；第二层为非机动车及人行平面交叉；第三层为机动车转变环形立交桥；第四层为机动车高架桥。设计最大通行能力为：机动车每小时 7000 辆，自行车每小时 30000 辆。

上海的内环线交通工程于 1994 年 12 月全线通车，这是中国规模最大、设施最全、功能最完善的城市高架快速干道系统。全线全长 48 千米，由浦西段、浦东段和南浦、杨浦 2 座大桥组成。浦西段全长 29.2 千米，为连续高架道路，路宽 18 米，双向四车道，设计时速 80 千米。全线建有 4 座大型互通式立交桥。浦西段的连续高架系统，为上海构筑现代化主体交通系统提供了起始点。

立交桥，城市现代化交通的标志，随着我国国民经济的发展，我国的城市还会涌现更多的造型新颖、宏伟壮观的立交桥，使城市的交通更加便捷顺畅。

奔向 21 世纪的各种公路

在公路的修建和运营中，大量采用高新技术，使公路得到极大的发展，除高速公路外，还出现了各种公路。

电磁公路：在公路下埋置一种电磁感应系统（用钢板制成凹槽，槽内铺设几条电力电缆），在电磁公路上行驶的电气车安装有电磁耦合装置，通过这个装置，可从地下电磁感应系统获得 100 千瓦的电力动力，使电气车向前行驶。电气车上有蓄电池，充电后可以脱离电磁公路行走一定距离。一般汽车在电磁公路上也可以照常行驶。

生态公路是德国、新加坡等国修建的公路。公路的路面也是用混凝土铺成，但在路面上有许许多多分布均匀、疏密适中的小圆洞，这些小圆洞直通路面下的土层，在小圆洞中播种草籽，很快就从小圆洞中长出绿草，使公路一片翠绿，并成为草坪公路。这种公路 70% 的路面长有绿草，一方面减少了太阳光的反射，减少了司机疲劳，保证了交通安全，另一方面可以减少汽车废气对空气的污染。

由日本提出建造的"环保路"，是在各个车道之间以及公路两侧均种植 2 米宽、3 米高的树墙，用来防止废气扩散。

无噪声公路：前捷克科学家设计出的一种公路。在沥青路面上再铺上一层消振层，可以消除汽车行驶中产生的强烈振动和噪声。

地毯公路：前捷克斯洛伐克成功地利用聚丙烯材料混合制成一条 1 厘米厚的带状"地毯"，将"地毯"覆盖在平坦的路面上，形成一条地毯公路。这种公路寿命长、造价低、耐腐蚀，还可以减轻车轮的磨损。

橡胶公路：加拿大有一种公路，用旧轮胎和橡胶废料加工出来的橡胶颗粒，拌上沥青铺在路面上，路面有弹性、耐压，夏天不会被烈日晒软，冬天不会结冰。

防水公路：欧一号公路采用了一种新型的沥青路面，其中掺入了碾碎的旧车轮橡胶，在路表面和路层中都留有许多彼此相通的小洞。在下雨的天气里，这种公路中的小洞可以迅速排除雨水，因而成为一条名副其实的吸水、防水公路。

彩色公路：法国巴黎东北有一段 20 千米的彩色公路，提醒司机，这段道路危险，应谨慎驾驶。

五彩公路：挪威采用聚苯乙烯制成塑料砖，铺成了新型的塑料公路，五彩缤纷的图案非常好看。它的寿命可达 20 年，而且还富有弹性，不会出现路面断裂、塌陷的现象。

夜光公路：芬兰铺设的一种用发光水泥建造的公路。这种水泥利用白天的阳光及夜间灯光存储一定能量，夜晚发出光来，显示出道路的各种标志，划分车道和区分路段，便于夜间行车，减少夜间的行车事故。

移动公路：它是英国的一种公路，用金属连接而成，装在专用的平板卡车上，能伸缩。哪里路面坏了，卡车就赶到哪里，作为应急之用。可通过 50 吨的载重汽车。

世界性高速公路：正在筹划修建的跨世纪公路。这一干线工程全长 1.8 万千米，从巴黎到纽约，中途经过汉堡、明斯克、莫斯科、叶卡捷琳堡、伊尔库茨克到楚科奇半岛，有隧道或桥梁通过白令海峡进入阿拉斯加。这条横贯欧洲、亚洲、美洲的洲际公路，还有两条支线：一条是从叶卡捷琳堡至哈萨克斯坦、印度、中国再到朝鲜；另一条由伊尔库茨克至海参崴、东亚各国，全线穿越四十多个国家，能为 25 亿人提供方便，预计耗资 3500 亿美元。

多姿多彩的人行天桥

空中走道也叫"人行天桥"。人们习惯上把短的叫"桥",把长的叫"道"。由于交通量增长很快,一些主要街道车辆往来不绝,行人过马路难的问题日益突出。像北京的西单、东单、王府井和天安门等繁华街道和路口,每条人行横道高峰时通过行人近1万人次,经常出现"人墙"。上海南京路西藏路口是交通最拥挤、人流最集中的路口,高峰小时横穿路口的人流量为6.4万多人次,车流量为1300多辆。几万行人过马路,还要与1000多辆机动车和几千辆自行车,在人行横道处交叉争抢,不仅严重影响道路的通行能力,而且很容易发生交通事故。因此,人行天桥就成为城市道路系统不可缺少的组成部分。

城市中的人行天桥,是从60年代开始发展起来的。开初,建造天桥单纯为了解决交叉路口的交通问题。后来,随着经验的不断积累,逐步扩大了人行天桥的功能,朝着丰富城市人民生活的方向发展,天桥的长度也不断增加。美国、加拿大等国家的一些城市,由于天气寒冷,不便在户外步行,那里建造的许多空中走道,贯穿在许多公共建筑内部,形成迷宫幻境般的空中步行

人行天桥

路。在适当的场所，运用宽大的阶梯，把地面上的人流吸引到上层的空中步行道去，把空中的游客流到下面的室外公共广场。空中走道把原来被汽车交通分割了的城市关系重新联系起来，把城市闹市中心的拥挤人群散到第二层平面，使市中心的作用扩大和加深。德国 1972 年在杜塞尔多夫市"新展览中心"，建造了椭圆形截面的封闭式空中走道，出入口设置有自动扶梯，空中走道的总长度为 550 米，与 8 个大厅的二楼连通，纵横交错，四面伸展，十分壮观。

以往在城市建设中，大都是先造建筑物，而后修建人行天桥；现在，则在制定高层建筑规划时，将人行天桥一起考虑，统一设计，同步建设。上海市共和新路中华新路天桥，与新新百货公司大楼同时规划与设计，就比上海西藏路南京路天桥事后破墙进店设梯经济得多。香港太古城，在建造 50 多幢大楼的同时，于大楼之间的二层用天桥连接起来，形成连绵不断、星罗棋布的空中步行街。不管刮风下雨，大楼建筑群的居民，不用走出楼，就可以走遍这些设在大楼铺面和二楼的所有商场。还有一个小舞台，位于中心商场，供居民讲演或表演，生活所需的日用品应有尽有，可称为"自给型城市的雏形"。这项人行天桥与建筑同步建设的工程，是城市建设一个好的开端。

现在，各地修建人行天桥时，更加重视景观设计，向美化城市的方向发展。我国城市近几年修建的人行天桥，都十分注意桥梁的造型与美化。如上海武宁路的"Y"形人行立交桥，南京西路石门路的"S"形人行天桥，以及国内最长的高脚酒杯形的延安东路西藏路人行天桥等等，构思新颖。重庆南坪人行天桥，是国内第一座玻璃钢斜拉天桥，造型美观，不少人把上桥行走作为一种享受，即使从桥下经过的人，也要驻足观望，流连忘返。香港九龙尖沙咀东区的空中走道，穿过了海边梳士巴利的正义道两旁的好时中心购物商场、帝苑酒店和香格里拉等十几幢高层建筑，其中主要的两座天桥，向海边伸展，其上下坡道均与海边平行，供人们隔海凭栏观望香港的城市建筑群风光。

电气化铁路

1997 年 3 月 18 日，在广西百色市火车站前，举行了南昆铁路全线铺通的庆祝大会。国务院领导出席了庆祝大会。

南昆铁路，即从广西南宁至云南昆明，全长 898 千米，一次建成的电气化铁路，年输送能力近期为 1000 万吨，远期为 2000 万 ~3000 万吨。

什么是电气化铁路呢？就是设有牵引供电系统，以电力列车作为列车牵引动力的铁路。

铁路最初发明时是采用蒸汽机车作动力的。直到 1879 年，世界第一条电气化铁路才在德国柏林建成。以后随着科学技术的发展，电气化铁路在许多国家竞相出现。到 20 世纪 80 年代，全世界的电气化铁路总里程已达 16.5 万千米，占世界铁路总里程的 13%。而德国、日本、法国的电气化铁路已占本国铁路总里程的 1/3，但却能完成运量的 3/4。

显然，电气化铁路比传统的蒸汽机或柴油机为动力的铁路相比，有明显的优越性。

首先，它的运输能力大。一般来说，电力机车的功率都很大。一般要比内燃机或蒸汽机车大 1 倍左右。功率大，牵引力就大，就可以加大行车速度，提高运输能力。第二，它的耗能比较省。电力机车的热效率一般为 20% ~26%，要高于柴油机的 20% 和蒸汽机的 6% ~7%。第三，它的运营成本低。正是由于电力机车耗能低，检修维护费用低，使运营成本下降，尤其在长途运输时更为明显。第四，它的工作条件好，噪声、污染大为减少，操作简便。

但是，电气化铁路一般所需投资都比较大，所以它在应用上还不如传统的柴油机车和蒸汽机车为动力的铁路普遍。

电气化铁路使用电力机车为动力，那么它的电源从哪里来呢？电力机车上是不安装发电机的，它的电力由电力牵引供电系统提供。

这种供电系统由牵引变电所和接触网组成。来自发电厂的电能，经过牵引变电所变压后，向架设在铁路上空的接触网送电，而电力机车则是从接触网上取电，这有点类似于城市中运行的有轨电车，然后驱动电力机车前进。

牵引供电的制式有直流制和交流制两种。鉴于直流制的供电电压难以继续提高，已有被交流制取代的趋势。中国的电气化铁路一开始就采用了交流制。

修建一条电气化铁路，沿线要建许多牵引变电所，单线铁路每60千米就要建一座，双线铁路每40千米就要建一座。由此也可以看出，电气化铁路造价之大。

中国修建的第一条电气化铁路是1961年8月建成的宝成线的宝鸡至凤州段。到1984年已累计建成电气化铁路3500千米。

新铺通的南昆铁路，被大西南人民称之为世纪之梦。南昆铁路从海拔78米的南宁盆地上升到海拔2000多米的云贵高原，落差之大，在我国铁路建筑史上是绝无仅有的。还有，整个线路形成沟梁相间、桥隧相连的走势，沿线土层十分复杂，被称为"地层博览"、"地下迷宫"。光是为铺铁路所打通的隧道就有258条，总长194.6千米；修桥476座，总长79.8千米。其中许多座大桥、特大桥的高桥墩、大跨度、新结构具有全国领先水平。

南昆铁路这项国家重点工程，是沟通西南与华南沿海的一条重要通道，是云、贵、川出海的最佳、最近的途径。这条铁路，从1990年12月开工，6万铁路建设者攻难克险终于铺通，圆了大西南人民的"世纪之梦"。

奇妙的悬浮式铁路

近年来，随着世界科学技术的发展，高速铁路相继在一些工业发达国家投入使用，引起了世人的瞩目，各国竞相提高列车运行速度，最高速度已达到每小时270千米，目前已达350千米/小时，而且还有继续提高的趋势。

那么，人们可能要问：铁路运行速度的提高有没有极限？最高速度能达到多少？能不能赶上飞机的速度呢？

要回答这个问题，首先要从铁路运输的原理谈起。

从1825年英国人修建世界第一条铁路以来，时间已过去了近190年。铁路运输遍及全球，科学技术不断发展，但铁路运输的基本原理并没有改变，即有牵引动力的机车（火车头）拉动列车在钢轨上运行，机车的动力有多种：如蒸汽机、柴油机、燃气轮机、电动机等，通过拉动装置驱动动轮旋转，借助动轮与钢轨之间的粘着力而产生机车牵引力，当牵引力大于列车阻力，就可以拉着列车在钢轨上运行，可以拉动比机车自身重量大10部～20倍的列车。

科学家们进行过研究，这种借助于机轮与钢轨之间黏着力运行的速度是有限度的。这种铁路随着运行速度的升高，轮轨间的黏着力会逐渐减小，车辆的阻力却会增大，当机车运行速度达到每小时350千米～400千米时，阻力会大于黏着力，列车就无法运行了。因此，常规的高速铁路运行速度只能以此为限。

然而，有没有别的办法提高铁路的运行速度呢？绝顶聪明的人类现已发明了一种悬浮式铁路，可以大大提高铁路的运行速度。

悬浮式铁路的最奇妙之处，也就是与常规铁路最大的不同在哪里呢？

常规铁路要使机车的轮子与钢轨接触而产生黏着力，而悬浮式铁路的轮子与钢轨却不接触，中间保持着一定间隙，好像机车悬浮在钢轨一样，这个思路多巧妙啊！

现代的悬浮式铁路，按着悬浮方式来分，有气垫式和磁力式两种。

气垫式悬浮铁路就是使列车车底面与钢轨之间充气形成气垫，列车悬浮在钢轨之上运行，这就会大大减少运行阻力。据法国人在1969年试验，气垫式列车运行速度达到每小时 422 千米，这把现有的高速铁路的速度提高了一倍。

磁力式悬浮铁路是利用电磁铁吸引铁板的原理，使列车车体与钢轨间形成一定的间隙，使列车悬浮于钢轨之上运行。目前德国研制的这种列车，速度每小时可达 500 千米，英国使用磁力式悬浮列车，已在伯明翰市投入试验营运。

还有一种原理类似，但更先进的超导磁力式悬浮列车或高温超导磁力悬浮式列车，它使用高温超导材料，列车的运行速度每小时可达 500 千米～700 千米，届时从日本的东京到大阪只需 1 个小时，差不多赶上了波音 747 飞机的速度，新干线高速铁路将会黯然失色。

超导磁力悬浮式列车除了高速度之外，还具有无噪音、无振动、节省能源等特点，是 21 世纪颇为理想的运输工具。这种最新式高速列车的技术，日本居世界领先地位。有报道说，日本人已在 1994 年 11 月开始在山梨县研制这种新车辆。它的外形像是一条"眼镜蛇"，可以减少高速运行时的空气阻力，车身采用的是铝合金材料，因此十分轻巧，制造技术中采用了很多航空技术，但是造价高昂，每一辆车的造价要 15 亿日元!

日本的超导磁力悬浮式列车可望于本世纪时期制造完成使用，而真正投入商业运营的将是 21 世纪的事了，那时，这种高速火车真可以与民航飞机相媲美了。

千姿百态的城市地铁

在 19 世纪 50—60 年代初，英国有一位能言善辩的律师，叫查尔斯·皮尔逊。他看到伦敦的地面交通十分拥挤，并想到今后这种情况会越来越严重，而新兴的铁路运输在人和货物的运载量和速度方面，已显示出巨大优势，就建议市政府兴建地下铁道。在 1863 年，伦敦建成了世界上第一条地下铁道，长 6 千米。这是名副其实地将地面的铁道搬到了地下。在地下的巨型管道中，蒸汽机车拉着列车轰鸣运行，冒出的黑烟长时间地在车站、隧道中聚集，让人看不清周围的东西，呛得人们咳嗽不停。到 1890 年，英国建成了用电力机车牵引的地下铁道。

由于地下铁道具有运量大、不阻塞、低噪音、无污染、安全舒适、节约能源等优点，因此发展很快。目前，地下铁道运行里程最长的是美国，而兴建地下铁道城市最多的国家是前苏联，其次是美国，日本居第三。

修建地下铁道的方法大体可分明挖法和暗挖法两种。明挖法就是在地面先挖一长坑，在坑里铺设一条巨大的管道，再在管道内铺上铁道，安装信号系统，建好站台，等等，再用土把这管道埋好。这种方法一般用于建设离地面较浅的地下铁道（15 米以内）。这种施工工序简单，可充分发挥大型土建机械设备的效能。天津地下铁道和北京地下铁道的一线、环线都是这样建成的。

而暗挖法是像蚯蚓钻洞那样，所有的工作都在地下完成，仅把挖出的土运到地面就是了。现在北京、广州正在建设的地下铁道就是采用的这种方法，它特别适用于城市中心地带或距地面较深处修建地下铁道。

现在，地下铁道使用的机车都是电力机车，但与常规的电力机车不大一样。为了降低隧道的高度，电源线路不在车厢上方，而在侧面，所以机车的导线架也不设在车顶，而设在车门以下。此外，每节车厢都有电动机，许多车厢都有驾驶室，这样，列车启动、制动都快而灵活，易于编组，可以从两个方向运行。地下铁道的列车一般由 3 节 ~6 节车厢组成，每节长 13 米 ~15 米，可搭乘 11 人 ~200 人，有的车厢更大，可容纳 900 人左右。

1997 年，苏联在地震多发区的塔什干（现为独立的塔什干共和国首都）

建成了一条长 15.4 千米的地下铁道。这是第一条建在地震区的地下铁道。他们采用了多种特殊技术和设施来应付地震。比如，每隔 15 米安装一台地震传感器，只要有任何轻微震动，传感器就能自动发出警报，使人们戒备。这样，一旦发生即便是里氏 7 级地震，地铁会立即停止运行，整个地下铁道仍能安全，保持完好。地震区的地下铁道对发展当地的经济和交通事业起着重大作用，但由于这种地下铁道每千米的造价和自动化程度都高于一般标准，所以投资、运行费也高，要求更复杂、严格的管理系统。

欧洲的人力资源不那么丰富，为节省人力，提高客运量，法国于 1982 年建成世界上第一条无人驾驶的地下铁道。列车时速为 60 千米～80 千米。在人流高峰时，1 分钟开出一趟，平常是每 5 分钟一趟，每天客运量约 5 万人次。无人驾驶的地下铁道自动化程度高，驾驶、售票、检票全部采用自动装置。全线只有 5 名工作人员在控制室内通过 2000 台电视屏幕进行监控。控制室的电脑与各站台、车厢内 200 个微型信息处理机相连。万一发生故障，遥控系统可令列车减速或停车。一般故障由控制中心排除，特殊故障才到现场处理。此外，每个车站都装有双重安全系统，站台门只有车门打开时才开启，以保证安全。如果车厢内有人犯罪，乘客可随时用车内电话与控制中心联系，遥控系统可令车门锁上，把车一直开到有 40 名警察的特种警卫车站，然后处理事件。这条线路从未发生过事故，以安全可靠著称。

地下铁道的优点虽然很多，但造价昂贵是它的致命弱点。为降低造价，很多国家把郊区的地下铁道线路建在地面上，把市区部分地下铁道线路建在高架桥上，因此"地下铁道"成了市内地下、地面、高架铁道的总称。现在只有马德里、汉城、北京等十几座城市的地下铁道全部建在地下（但北京至通县的地铁将建在地面），而像芝加哥、伦敦、旧金山等城市，地下铁道的地下部分还不及全长的一半。

交通隧道探幽

　　为了发展经济，人们克服重重困难去征服和改造大自然。为了适应交通运输的需要，尤其要满足远途运输的需要，人们铺设了地面铁路。后来，由于地面交通运输过于拥挤，铁路伸向空中，修建了高架铁路，又伸入地下，铺设了地下铁道。为了在山区铺设铁道，人们不畏艰险，开凿了大量隧道，使铁道能通行无阻。

　　最早的铁路隧道是美国纽约市布鲁克林街道下的地铁隧道，它建于1844年。这是世界上首先使用带通风管道的隧道，也是首次使用明挖法施工的隧道。但在崇山峻岭中要挖隧道只能使用暗挖法。

　　随着科学技术的不断发展，开凿隧道的技术也日新月异。意大利人索迈勒发明了冲击式凿岩机，它以压缩空气作动力，使隧道开挖速度提高了3倍，

交通隧道

这是挖掘隧道工程中由人工凿眼向机械化转化的里程碑。美国人首先发明并使用电钻及炸药爆破技术来开挖隧道，可以说，美国是世界上现代化隧道开挖技术的发源地。

从此，许多新的开凿工具和卓有成效的爆破技术相继发明，并一直沿用到现在。

我国是世界上铁路隧道数量最多的国家，也是每年修建隧道最多的国家，平均每年约建隧道120座。到上世纪80年代末，已建成并投入使用的铁路隧道已达4800座以上。铁路隧道数量仅次于我国的国家是日本，约有3850座。

此外，人们研制并修建了缆索铁路斜坡隧道，作登山之用。最长的一条建在奥地利，隧道内可通行一对缆索铁路客车。

为征服大自然，英国人决心在伦敦泰晤士河下修建水底隧道。法国人早于18世纪中期就提出同英国人共同修建英吉利海峡隧道的设想。现在这个设想已成现实。这是一条双管海峡隧道，隧道全长49.26千米，其中有37千米位于海底40米深处。两条隧道直径都是7.3米，可通双层列车。一条供巴黎至伦敦的客、货车通行，另一条供穿梭列车通行，专门载运乘汽车穿越海峡的人员及车辆。在两条隧道间，每隔375米设有一条直径4.5米的服务隧道与两主隧道相通。这是为解决通风和维修而设的。从巴黎乘火车至伦敦，由原来5个小时（包括轮渡）缩短为3个小时，每年客运量达2000多万人次，货运量约为2600千吨。这是欧洲迄今为止最大的一项土木工程。

日本修建的青函隧道是世界上最长的海峡隧道之一，全长53.85千米，海底部分长23.3千米，最深处离海平面240米。

在水下开凿隧道，铺设水底铁路，在勘探、设计、施工等各方面难度都远远超过在地面铺设铁路。我国虽然尚未开凿过水下隧道，但在西南等多山地区，地形复杂，为发展当地经济，我们的铁道工程部门和人员发扬了大无畏的精神，克服了罕见的困难，在我国修建铁路隧道的数量位居世界前列。

天堑变通途

当你翻开城市地图的时候，你会发现大部分城市都是沿江、河、湖、海而建，其中有许多城市被江、河、湖、海分隔成几个部分。在我国，有好多大城市被江河贯穿其间，上海有黄浦江和苏州河，重庆有长江和嘉陵江，兰州有黄河，天津有海河，广州有珠江……在国外，有江河贯穿其间的世界名城，伦敦有泰晤士河，巴黎有塞纳河，纽约有哈德逊河和海湾，莫斯科有莫斯科河，开罗有尼罗河……尤其是那些面宽、水深、流急的大江大河，形成了阻隔城市交通的天堑。还有一些海岛城市，各个部分之间既有海水相隔，又有陡山峡谷。是桥梁把"天堑"变成了通途。

桥梁是道路的延伸和组成部分，桥的历史差不多与路一样久远。有据可查的史料记载，桥梁至少有 3000 多年的历史。

一般桥梁的结构分为上部结构，也就是桥身；下部结构，也就是桥墩、

桥梁

桥台和桥梁基础，用以支撑上部结构的；还有一部分是桥梁防护建筑物，如桥台两侧的翼墙和上下游设置的防洪堤等。

桥梁按本身的结构形式和受力情况可分为梁桥、拱桥、钢架桥、斜拉桥、吊桥等形式。

梁桥的承重构件是受弯力为主的主梁。主梁一般采用钢材和预应力混凝土、钢筋混凝土制造。目前世界跨度最大的梁桥当属加拿大的魁北克桥。

魁北克桥建于 20 世纪初，后经改建，现成为公路铁路桥。该桥跨越魁北克附近的圣劳伦斯河，桥全长 986 米，主跨度 548.64 米。世界第一座用熟铁板衔接的铁路箱形梁桥是英国的布列坦尼亚桥。该桥位于英国威尔士北部，是跨越梅奈海峡的铁路桥。桥全长 460 米，主跨度为 140 米，两边跨度各为 70 米，列车在箱形梁上通过，箱形梁即成为主要受力构件。这座桥始建于 1850 年，1980 年才完成重建。

20 世纪 50 年代以后，箱形梁采用钢制造。德国于 1961 年在莱茵河建成了世界最大跨度的铁路钢箱形梁桥，跨度为 113 米。

中国的梁桥有郑州黄河新桥，是 1960 年建成的。新桥全长 2889.8 米，主要承力构件是钢板梁，全桥钢梁负重达 12934 吨。郑州黄河新桥建成后，原来由比利时承建的于 1905 年投入使用的郑州黄河内桥即变为备用桥。该旧桥曾是中华人民共和国成立前最长的桥，也属于梁桥的范畴。

中国 1997 年建成的虎门大桥，是国内跨度最大的梁桥，设计跨度为 270 米，居世界第六位。

海港纵横

港口，是具有一定面积的水域和陆域，是供船舶驶入和停泊、旅客和货物的集散地。与铁路的车站、航空运输的航空港相对应。

港口的水域包括供船舶进出港口的水道、船舶停泊和进行装卸作业的港池等。港口的陆域则主要包括码头、港口库场、港区铁路和道路等。

港口的历史很悠久，最早可以追溯到公元前 2700 年腓尼基人在地中海东岸建的港口。但是大规模建设港口，则是产业革命以后。目前世界上进行国际贸易的港口多达 2000 个以上。其中吞吐量超过 1 亿吨的有 12 个，鹿特丹港雄居榜首。

鹿特丹，是荷兰人引以为豪的世界第一大港。它位于莱茵河和马斯河的入海口。是荷兰和西欧最重要的贸易门户。它的腹地连接着荷兰、德国、法国、比利时的工商业中心，四通八达的运河、公路、铁路、空运使这座港口与欧洲主要城市成为近邻。由此，鹿特丹港成为西欧散货、原油、集装箱的最大集散地。

鹿特丹建于 16 世纪，第二次世界大战后，先后建成了三大港区。目前港口总面积达 100 平方千米，其中水域面积约占五分之一。码头岸线长 40 千米，各类起重机 400 余台，港作拖船 500 余艘，实际上，鹿特丹港便是由分布在 40 千米长的一连串港口组成。有化工、石油、矿物、煤炭、食品等专用港口；有散装及集装货物的港口。鹿特丹港的筑港技术、管理水平很先进，装卸作业的机械化、自动化程度很高。该港可以停靠 25 万吨矿砂船和 30 万吨油船。自 1962 年以来，它一直保持着世界第一大港的地位，年吞吐量平均在 2.3 亿 ~ 2.9 亿吨左右，1993 年曾达到 3.09 亿吨，至今这一纪录尚未被打破。

纽约港是仅次于鹿特丹的世界第二大港。它最早于 17 世纪为荷兰人建设，北美独立战争胜利后进行大规模经营。1921 年，纽约港务局成立，负责港口的规划和建设。现在纽约港面积高达 1700 多平方千米，其中水域达 700 多平方千米。全港有 16 个主要港区，深水码头线总长 70 千米。每年平均有 4000 多艘船只进出，装卸机械化、自动化程度很高，较早地应用电子计算机进行港口管理。

纽约港是天然的深水港，有两条主航道：一条是哈得孙河口外南面的恩布娄斯航道，长16千米，深30多米；另一条是长岛海峡和东河，水深18米以上。纽约港的吞吐量，1980年为1.6亿吨。

在纽约港的自由岛上，耸立着举世闻名的自由女神像。她身穿罗马古长袍，头戴光芒冠冕，左手抱一部美国独立宣言，右手高擎火炬，神态端庄自然，亲切迎接着来访美国的船只和游客，自由女神像是法国人民为庆祝美国建国100周年所赠送的礼物，现已成了美国的象征。

新加坡港是东南亚最大的海港，也是一座自由港。它位于马来半岛南端的新加坡岛上，马六甲海峡的东南口。成为亚欧海上交通的必经之路。港内水深，潮差小。新加坡港有6个港区，泊位总长约13千米，其中水深10米以上的有10千米。该港实行每周7天，每日24小时连续作业制，每天在港船只在200艘以上，年吞吐量1983年为1亿吨。

目前全世界共有各类港口近万个，分布在100多个国家和地区。其中年吞吐量在1亿吨以上的特大型港口只有12个，即鹿特丹、纽约、新加坡、新奥尔良、千叶、神户、横滨、高雄、上海、安特卫普、马赛和名古屋。

日本是世界第一海运大国，有港口近2000个，在全世界12座特大型港口中占了4个。全国7.5米以上水深的码头总长362千米，日本港口年吞吐量一般为25亿吨，最高达30亿吨，美国居第二位，有港口189个，年吞吐量最高达18亿吨。

我国最大的港口是上海港。港区在黄浦江两岸。码头长度为13千米，泊位96个，仓库面积40万平方米。港区拥有各种装卸机械3500台，港务船近700艘。上海港的年吞吐量1984年达到1亿吨，进入世界亿吨港口行列。

我国的港口建设取得了长足的进步。到1990年为止，主要港口有43个；码头泊位1372个，其中万吨级深水泊位占1/4；码头总长131千米。年吞吐量为7.1亿吨。

未来的港口会是什么样子？通过海运的发展趋势可以看到：海上运输无论是现在还是将来，都将占绝对的主导地位。因为跨洋过海，铁路和公路都派不上用场，而航空又只能主要解决旅客运输问题，大宗货物非海运莫属。只要海运继续发展，海港则必须同步发展。将来的海港，一是向深水化专业化方向发展，港口布局将向河口和外海的深水区延伸；二是向大型化方向发展；三是港口功能向多功能化方向发展，将来的大型港口将成为以海运为中心，多种运输方式综合发展的交通枢纽，成为储运中心、贸易中心、消费中心和旅游中心。

异彩纷呈的航空港

　　航空港，顾名思义，是航空运输用的飞机场及其服务设施的总称。而飞机场即简称"机场"，是用于飞机起飞、着陆、停放、维修的场地。航空港与机场是两个概念，前者包括后者，另外还有旅客候机楼、货运站。但在习惯上这两种名称往往混用。比如我们熟知的北京首都机场实际应称为"北京国际航空港"。

　　航空港是由机场发展而来的。早期的机场十分简陋，世界上第一个机场是 1903 年美国莱特兄弟试飞"旅行者"号飞机的地方，位于美国华盛顿东南 350 千米处。1910 年前后，飞机首先用于军事，于是军用机场也就应运而生。20 世纪 20 年代，航空运输开始创办，由于飞机速度低，对地面设施要求不高，当时的机场只占地几十公顷，只建有简单的房屋、机库和跑道。50 年代，随着喷气式民航客机的问世，才由在运输繁忙的城市建设了可供各类飞机起降、服务设施完善的航空港。70 年代，一批现代化的应用电子计算机自动控制的航空港相继建成，大大促进了航空运输的发展。

　　目前世界上现代化的航空港主要由三个部分，即飞行区、客货运输服务区、机务维修区组成。

　　飞行区是占地面积最大的区域，主要有飞机跑道、滑行道和停机坪以及各种保障飞机飞行安全的设施。

　　客货运输服务区主要是候机楼、停车场及相应的服务设施。

　　机务维修区有维修厂、机库及各种设备。

　　美国的航空事业在世界上首屈一指，有航空港设施的城市有 1300 多个，而有些大城市一般都有好几座航空港。因此到美国乘飞机旅行，一定要搞清楚在某个城市哪座航空港起飞、降落。目前，按旅客吞吐量总数计算，世界第一、第二位的航空港都在美国，即芝加哥的奥黑尔航空港，1993 年旅客吞吐量超过 6000 万人次；达拉斯沃斯堡航空港，1993 年旅客吞吐量 4900 万人次。美国的航空港都具有自动化、信息化和现代化的特点。建筑典雅雄伟，候机楼设施豪华，电视屏幕随时向旅客预告当日的飞机班次和时间；休息厅有各种画报、报刊供旅客阅览，酒吧和咖啡厅提供各种饮品和点心，还有免税商店摆满了琳琅满目的商品供旅客选购。

美国机场的总数堪称世界之最，1987 年在国际民航组织注册的就有 16000 个。

居世界第三位的航空港是英国的希思罗航空港。1993 年旅客吞吐量达 4700 万人次。

法国巴黎戴高乐机场也是世界闻名的现代化航空港之一。它占地 30 多平方千米，拥有 7 座梯形卫星登机楼和 41 座可伸缩的圆筒登机桥，有一座欧洲最大的机库和 4 条长 3600 米、宽 45 米的飞机跑道，每天飞机起降 170 次。1990 年二期工程结束后，每年飞机起降达 138 万次。

我国最大的航空港是北京首都国际机场。位于北京东北郊，居市中心 25 千米。这座机场于 1968 年建成投入使用，1988 年对候机楼进行新扩建。机场有东西两条跑道，东跑道长 3800 米、宽 60 米，西跑道长 3200 米、宽 50 米。可供世界各种大型民用飞机起降。扩建后的候机楼有 7 万多平方米，有宽敞的国内、国际旅客进出港大厅，东西两个卫星候机厅，周围装有 14 个活动廊桥。新候机楼每小时可接待旅客 1500 人。按 1993 年旅客吞吐量计算，估计在世界机场的排名为 60 名~70 名左右。

随着航空运输业的飞跃发展，飞机愈来愈大型化、高速化，航空港也愈来愈现代化。

目前全世界最现代化的航空港当属美国新丹佛国际机场了。这是一座新建的大型国际机场，占地 137 平方千米。目前建成的有 3 条长 3700 米的南北平行跑道，每小时可降落 99 架飞机。整个机场拟计划建造 12 条跑道。

这座机场是世界上第一座全部用计算机设计建造和管理的机场。年吞吐量为 3400 万人次，到 2020 年估计为 1.1 亿人次。

不说话的交通警察

当你行走在马路上，只要稍加留意，就会发现马路两边、上空或路面上有各色各样的标牌和标示。人们把这些标牌和标示形象地比作"不说话的交通警察"，而交通管理部门则把这些叫做"交通标志"或"路面交通标示"。

交通标志和路面标示是用文字、符号、线条或颜色对交通进行导向、警告、规制或指示的一种交通管理措施。它给予行人和驾驶员以确切的道路交通情报，使道路交通达到畅通、安全、低公害和节约能源的目的。按照它们的不同功能，交通标志和路面标示一般分为导向类、警告类、规制类和指示类四种。

导向类主要是给人们提供导向的各种信息，带有问讯性质。如路名、沿道地名与设施、距离、路线、方向等。有了这样一个标志系统，即使未到过这个城市的人们，也可以不必为问路而延误时间，甚至可以不走弯路直接到达目的地。有的城市还用很形象的画面来引导行人和车辆。如在德国城市的大街两侧，悬挂着画有照相机的路标：表示沿此方向可抵达旅游风景区。或者画有球架、吊环以及从跳板上纵身入池的女跳水运动员的路标，告诉人们前面有体育馆或体育场。法国在城市的繁华区设有"微笑路标"：一位笑吟吟的妙龄少女在告诉行人，前方有娱乐场所。

警告类主要是向人们，特别是向驾驶员提供在道路上或沿道所存在的危险或应注意的信息。如交叉路口的存在及其形状，道路弯曲及所弯曲的方向，道路变窄和车道减少、路滑、陡坡、施工等等，以引起人们的警戒。有些城市的公共汽车站，有防盗的"警告路标"：一个背着赃物的小偷在仓皇逃遁，他手中拿着一把万能钥匙，上面有"当心小偷"的字样。有的城市画有文静的护士将食指尖贴在嘴唇上，或画有"熟睡的婴儿"，提醒附近有医院、托儿所，请慢行并勿鸣笛。

规制类是由交通部门根据法规设置，表示交通的禁止或限制。它和前两类作用的不同之处在于，规制类具有法的作用，违反者要作为违章处理。例如用标牌指示出：禁止装载危险品的车辆通行，禁止卡车、拖拉机通行，禁止停车，禁止鸣笛，禁止自行车通行，禁止行人通行等等。日本的城市为了保护儿童的交通安全，专为他们设置了过马路的安全旗。凡是学龄儿童经过马路时，都戴有黄帽，由手执黄旗的妇女护送。学童来往多的巷子，地面还被涂成绿色，写上淡黄色的大字：学校区。周围的墙上到处贴有大字标语，提醒司机注意会有孩子突然冲出来。

指示类是向人们指明允许的交通行为，或提醒人们的注意事项。例如可以停车、优先道路、专用道路和安全地带的标志以及车道线、中心线、停车线、人行横道线等标示。在日本川流不息的汽车群中，你会发现有的汽车前后各贴着一块黄色标记。如果在晚上，车灯照去，黄标记还会反光。这种黄标记是表示这辆车的司机领取执照不满一年，要求后面的车辆勿太靠近，迎面来的车辆减速，防止发生事故。不过这种黄标记如过期不揭下来，哪怕是超期一天，被警察发现就会重罚。

近来，一些现代化的路标相继问世。英国人在道路上设置了"闪光路标"。它是一种红外线特殊装置，可以记录汽车流量与监视运行中的汽车之间的距离。倘若两车车距小于规定的标准，这时路标便光彩熠熠，显示"挨得太近了"的字样，向违章司机发出警告。在许多国家的高速公路上，整个行程看不到一个站在路中央的交通警察，一切都由电脑控制。高大的电子显示屏上，不断变换着各种文字，提醒人们注意距离，告诉人们前方将要到什么地方，以及前边多少千米处发生了交通事故，大约堵塞多长时间等等，让人一目了然，以便尽快作出最佳选择。

指路明灯话导航

在自己熟悉的城市或乡村，外出要去一个地方，一般没有人不知道道路怎么走。即使去一个过去没有去过的地方，向旁人问路也就可以了。但是在茫茫大海上航行的船只，在空旷的天空飞行的飞机，需要航行才能到达目的地，就成为大问题。这就是"引导航行方向到达终点的问题"，简称"导航"。

早期的飞机，飞行高度不高，常常根据地面的可见景物来导航，如沿着河流、铁道飞等，这就是"凭地标飞行"，但是常常可能因丢失"地标"而迷航。夜间飞行就更困难了。第二次世界大战前，美国有一个驾驶员驾机夜间从一个城市，飞向另一个城市。他心里想：这很容易，只要沿着公路的路灯灯光飞就行了。但是起飞到一定高度后才发现，这一带最近发展变得繁荣了，村镇的灯光与公路的灯光交融在一起，到处灯光一片，根本分辨不出哪里是公路。他朝着大致的方向飞了很久，好不容易看到了一个机场的灯光标志，连忙着陆。他对迎着飞机走来的第一个地面人员提出的问题是："这是哪里？"还有夜间飞行找不到机场，飞过一座桥，看到桥上两排灯，误以为这是跑道灯，而把飞机降落在桥上的事情发生。

1927 年美国林白首次从美国纽约飞越大西洋到达法国巴黎。他在茫茫海洋上空飞行 33 个小时之多，只是大致靠罗盘向东飞。这种方法称为"罗盘导航"。在长期飞行过程中，外面海天一线，他实际上已经不知道自己所在的位置，是不是还应该保持原定的方向。终于，他在凌晨时分看到海面上有一条孤零零的渔船，猜测可能离海岸不远了。但是海岸在哪边，仍无把握。于是，他降低飞行高度，绕着渔船飞，把头伸出飞机对渔船大声喊叫："法国在哪边？"海浪涛天，机声隆隆，渔夫根本不可能听见他的喊声。在一无所获之后，他只好硬着头皮向他猜测的方向飞。要知道，他的油料有限，如果他不能很快找到陆地，就有坠落海面的危险。在这以前，已有好几个人横渡大西洋失败而葬身海底。幸好，不久他终于看到了希望——海岸线。飞到陆地后他才根据地标找到巴黎。

由此可见，导航中的一个重要因素，是要准确地知道自己的位置。海洋中的船舶，因受海浪、风向的影响，飞行中的飞机受气流的影响，在航行一段时间之后，要确定自身的位置是很难的。在船舶上，有一种办法是在晴朗的夜间，靠对星座的测量来确定自己的经纬度，称为"天文导航"。也有利用无线电波来导航的。这种办法是从目的地发出电波。船或飞机上装一种定向天线，能自动对准电波来的方向。用这种导航方式时，轮船或飞机就可以不管自己的位置在哪里，只要对准电波来的方向航行，最终就能够到达目的地。对于飞机的长途航线，常常在中途设置若干个"导航点"，飞机先用无线电导航飞向第一个导航点，再转到第二点频率，被引导到第二点，这样一段一段接下去，最终到达目的地。

更加完备的导航方法，是在地面上分布若干地面站，发出电波。飞机根据接收到的各个站电波的方向，就可以用自动设备显示出自身所在的确切位置。要做到这点，需要在地面有计划地设置地面站，构成一个导航系统。对于经常有飞机来往的区域，这在目前已是常用的方法。

但是对未经开发的地区，或者在广阔的海洋上，尚未设置或很难设置地面站时，这种方法就很难使用。目前由于航空航天技术的发展，已经建立起由几个定点人造卫星来导航的技术，称为"卫星导航"。人造卫星的电波覆盖面很大，可以实行全球导航。这样一来，装有卫星导航设备的飞机或船舶，就再也不会不知道自己在哪里了，也不需要像林白那样从飞机上伸出脑袋去问打鱼人。

从这里可以看出，近几十年来导航技术的发展，是围绕着如何便利于交通运输。它使人们在整个地球上的远行，变成像在家门口一样"熟门熟路"了。

高速公路自动收费

除了少数国家的少数高速公路外，一般的高速公路都是对行驶的车辆按车别及行程计价收费的，以便筹集资金发展高速公路。

如果让汽车停下来，由人工收费，就要花费时间。本来汽车走高速公路，就是为了节省时间，自动收费系统不仅节省时间，提高工作效率，而且减少公路上的阻塞，提高汽车的流量。

用自动收费机收费，每小时可对 650 辆车进行收费。自动收费机分为投币式、磁卡式等。投币式收费，是在全程入口处一侧有一个篮状收钱口，司机扔入硬币后，硬币从篮状网向里滑进，会自动控制挡杠升起来，汽车就可进入高速公路行驶了。如果司机没有零钱，则要手工收费了。

还有一种磁卡式收费：司机驾车进入收费站入口车道，收费操作人员判定车型，输入计算机并发放一个记录入口站、进入时间等信息的磁卡；司机领卡上路，在收费站出口司机交出磁卡，收费操作员把磁卡插入阅读器内，车道控制器计算收费金额并显示出来；司机交费；收费员收费后由打印机打印收据。

磁卡收费方式，可以说比投币更先进一点，但是仍不是完全自动收费。由于收费过程有人参与，所以比较灵活。若各收费站之间有通信网，并且和控制中心相联，则控制中心的电脑可根据各收费站的信息，及时地计算出任何一时刻在高速公路上的车流量，以便对交通进行控制，也可以防止收费有舞弊行为。

最有发展前途、优点最多的是自动识别车辆的收费方法。驾驶员在汽车接近收费区时，把智能卡插入小型无线电转发器里，装在高速公路立交口上方的接收器（或者安在路面下的接收器），与转发器联系，记下汽车进入、离开高速公路以及付款地点，还有收费金额，通过转发器记在智能卡上。

或者，汽车用户购买并安装脉冲收发两用机。汽车过收费站时，不用停车，收发两用机与收费站的自动识别系统相互联系，利用埋在路面下的电感环式车辆检测器，或利用射频或微波天线，或者利用光学、红外线检测技术，都能使车辆上的收发两用机"激活"。两用机把用户独有的账号"告诉"给收费系统，在其账号上支出应收的费用金额。

自动识别车辆收费方法的优点是，不用停车，节省时间，可避免因收费造成的堵塞，甚至在 160 千米/小时速度下也不用减小车速，所以污染小。这种收费方法每小时可收 1000 辆～1600 辆车的费用，误差小于 0.1%－0.5%。

澳大利亚在悉尼海港大桥上，采用电子收费系统：将一种无源的标签（不带能源的标签）安装在车辆的挡风玻璃上。当带有标签的汽车进入辨认的范围内（欧洲的标准为 4 米，美国的标准为 7 米），每个收费闸门的辨认器便发出有节拍的震动信号（能量），使预先安装的电路充电，经调节后的信号又传送回到发问器，再送入到计算机中，计算机中存储有客户详细资料，根据资料进行收费计算，并自动在客户的账户上收费，使得汽车不用停车，即完成了自动收费。

国外有一家公司推出一种身份转发标签，每个标签上都有独特的身份密码，使用者把钱存入户头，当收费系统识别了身份标签后，便会自动在其户头上扣除应收费的金额，计算机并记录下收费的数据。这种收费系统在汽车以 240 千米/小时的速度行驶时也能辨认汽车，每小时可辨认 2500 辆。

美国加州 90 号国道是世界上第一条全自动收费的高速公路，通过这条公路的汽车只需建立一个账户，在汽车挡风玻璃上安一个小型无线电应答器，收费站的阅读器能对过往车辆进行识别，把应收费用（25 美分～2.5 美元）记入账户。

卫星智能 "交警"

在茫茫大海中的航船，在越洋飞行中的飞机，在高速公路上奔驰的汽车，无不希望时刻知晓自己所在的方位及前进的方向。这就是交通运输工具的定位与导航。

在古代，人们可以根据星星来定位，但那只能在晴朗的天气下进行，这就是原始的天文导航。直至 19 世纪，人类才发明了无线电导航，它不再受天气影响，而是通过无线电发射台发射电波，接收机接收以确定交通工具的方位，从而引导航向。但是由于无线电发射台很难建设在海洋中或荒野大漠中，对交通工具的定位和导航仍然会有很大的误差。

在 1991 年开始的海湾战争中，美军和多国部队到沙漠作战，运送物质、侦察、空战等等都需要准确的定位和导航，但美军做到了这一点。原来他们

GPS 接收机

装备了一种新研制的 GPS 接收机，在战争中发挥了重大作用，从此 GPS 便风靡世界。

GPS 是"全球卫星定位系统"的英文缩写。它的基本原理可以说是"天文"导航与无线电导航的巧妙结合。在 GPS 中，人造卫星代替了星星，不过不需要观测，地面的无线电发射台搬到卫星上，向地球发射电波，地面上的目标靠接收电波来确定自己的方位。

已于 1993 年 12 月正式开通的美国 GPS 系统，包括人造卫星、地面监控站和用户接收三个部分。美国向距地球 2 万千米的轨道发射了 24 颗人造卫星，这些卫星严格按预定轨道运行，每个时刻的方位都是准确的，这些卫星向地面发射电波，近乎均匀地辐射于地面。地面监控站设在赤道附近，全球共有 5 处，它们的作用是监控所有卫星。

GPS 的用户装备有 GPS 接收机，可接收 3 颗 ~4 颗卫星的信号。卫星上特定时间发射的无线电信号以光速传播，在这点上就能计算出用户距卫星的距离，3 颗卫星的信号就能准确地确定用户的位置。当然，这一切计算都是通过计算机来进行的。

GPS 虽然首先用于军事，但其在民用领域里有着十分广泛的应用前景。

GPS 对于航空运输是十分重要的，它可以使越洋长距离飞行的飞机导航准确性大为提高，在地面上用雷达电波因地球弧度的影响做不到很高的准确度。GPS 还可以引导飞机在全世界任何机场进行全天候精确盲降，特别是在恶劣天气下更显其重要。这样可以大大降低降落系统的设备费用。

GPS 既可以采用单个用户车载或便携式直接跟踪自定位方式，也可以利用地面控制中心多路跟踪方式。后面这一种方式在交通运输中可以起着"交警"的作用，指挥疏散交通，保证交通安全。如在铁路系统中，利用控制中心对多列列车（每列列车上装有 GPS 接收机）进行调度指挥，提高利用率；在城市交通中，出租汽车公司可利用 GPS 方便地调度车辆，并且可以建成汽车防盗系统；在航海中，应用 GPS 则更为方便，船只可以据此驶向预定的海域。

现在，便携式的 GPS 接收机差不多只有手提电话的大小。荒野中的步行者手握 GPS 绝不会迷失方向。

不用指挥棒的交通指挥

当你来到交叉路口时，往往可以看到手拿指挥旗的交通警察，站在马路中央指挥交通。但你是否想过，一个大城市究竟有多少交叉路口？如果每个交叉路口都要交通警察，从早到晚站在那里挥舞指挥棒指挥交通，究竟要多少交通警察？更何况这种工作不分白天黑夜、刮风下雨或烈日当头，其劳累辛苦是可想而知的。因此，交通信号灯便应运而生，它就是被人们称为"不用指挥旗的交通指挥"。

世界上第一个交通信号灯于1868年出现在英国伦敦。当时的光源是靠煤气点亮的，在灯前用红、绿玻璃变换信号。有一次，煤气突然爆炸，当场炸死几个值班的警察。结果，交通信号灯几乎销声匿迹了半个世纪。

1918年，美国一些城市出现了电气照明的三色信号灯。之后，其他各国也相继采用，并不断改进成为现在这样的红、绿、黄信号灯。

早期的交通信号是由人工操纵的，后来自动化控制逐步代替了人工控制。60年代，计算机技术运用于交通信号控制，出现了根据交通拥挤情况变换信

交通信号灯

号持续时间的装置。此后，又出现了能控制大范围地区的遥控交通信号系统。这不仅为提高道路的交通流量、减少交通事故提供了可能，而且为缩减交通警察创造了条件。

最初的交通信号只指挥车辆的行进和停止，后来又增加了行人交通信号。因为交通事故中约有 1/3 的受害者是行人。为了保护行人安全过街，世界各国先后采取了各种形式的行人信号灯。一种是"优先式"：老人和儿童过马路时，先按一下灯柱上的红灯钮，使过往车辆停车稍候，行人通过后，再按绿灯钮，车辆方可通行。另一种是"提醒式"：它富有感情色彩，以关怀的语气告诫行人，当红灯亮时，同时显示文字"请行人稍等"；绿灯亮时，同时显示"过街请小心"；当出现不自觉的违章时，信号灯将发出警告。第三种是"盲人式"：能给盲人过街提供安全、方便。这种信号灯在绿灯亮时，能听到一阵悦耳的鸟鸣声，示意盲人可以安全过街。

随着科学技术的发展，信号灯的功能不断增加。瑞典首都斯德哥尔摩市中心大街，安装有电视自动信号机，它能统计有多少行人在人行道上等候。当行人够一定数量时，就自动改变信号，让行人先行通过。罗马尼亚在多雾地区设置会说话的"有声路标"，当车辆驶入多雾地区，道路一侧的有声路标就会大声疾呼："您已进入多雾地带，能见度很差，请注意安全！"西班牙在地势险恶地段，设置了一种别出心裁的路标，当汽车来临时，路标就会"号啕痛哭起来"，声声哀鸣，撕心裂肺，迫使驾驶员小心翼翼地驱车缓行。

列车运行自动 "调度员"

现在，对于高速列车来说，用人来观察线路上的信号机实现刹车、停车等已满足不了实际要求了。因为，铁路线路上 "闭塞区" 是一两千米，当司机看见信号机再对列车进行制动时，也需要一两千米才能使列车停下来。如果列车速度很快，由人驾驶是无法实现安全行车的。

现在国外的高速铁路列车，以及国内外的很多地下铁路列车，大多是采用 "列车运行自动控制系统"，保证铁路列车安全、准时、高效的运行。

"列车运行自动控制系统"，一般包括有三大部分： "列车自动监控系统"、"列车自动保护系统" 和 "列车自动驾驶系统"。

"列车自动监控系统" 的主要工作是收集列车运行的有关信息，如列车号、车次、列车运行位置、发站和到站等。将这些信息输入到中央控制计算机中，并显示出列车实际运行图，以便监视指挥列车运行。

"列车自动保护系统" 是用来保证列车安全运行的。它根据列车的运行速度、线路的坡度、弯道曲率半径，前后列车的距离、位置、开停时刻、到站及折返等信息，并且采集线路沿线情况，确定这一列车的行车速度。如果有岔道，这一系统能确认岔道转换位置是否是正确，保证行车安全。

"列车自动驾驶系统" 相当于高水平的司机。它是根据行车计划、道路情况、指挥部发来的指令及信息，达到安全驾驶火车行驶。

铁路无人售票

铁路部门总要使用大量人力物力进行售票检票工作。

有些国家采用门扉式自动检票机。旅客只要把硬币投入自动售票机中，就可获得车票；这种票是有磁力信号的卡（就是一种磁卡），放入检验票的装置中，门就自动打开，让旅客进入月台去乘车。到达目的地下车后，仍然要把车票放进检票装置中，出口的门才自动打开，让旅客走出车站；如果没有车票，则要补票才能走出站。当然，控制开门的系统、自动向导广播以及显示各种信息的装置都是由计算机控制的。

日本铁路部门1990年采用"磁石式"检票机，持有定期车票的人，只要掏出车票一晃，就可以自动检票了。

法国铁路广泛使用一种带有触摸屏的自动售票机系统。这种系统与法国铁路中心计算机联网，它能用三种语言显示，旅客可以选择目的地、日期、时间和车厢等级，以及预留座位等。购票只要半分钟，预订座位在2分钟~3分钟内完成。这种装置还可以进行咨询服务，识别购票信用卡。

对话式自动售票机，利用高技术中"声音识别"技术，制造出能识别旅客声音的装置，只要旅客拿起话筒，说出自己的目的地，这种装置就显示出离目的地最近的车站，旅客确认合适后，投入货币，即可买到车票，购一张票平均花费35秒钟。这一系统已在日本的很多车站投入使用。

深圳火车站也已安装自动售票机，实现电脑化无人化自动售票。

这种自动售票机只能用购票卡购买火车票，用户先到各银行网点购买购票卡（350元和630元两种）。之后，用户就可以在火车站大厅中自动售票机上买票了。只要把购票卡插入售票机中，并输入密码，电脑的多媒体触摸屏上就可显示出可供选择的乘车日期、车次、席别和车票张数。购票人选择好后，输入确认信号，自动售票机就从购票卡上扣除车票金额，车票从售票机出口送出来，上面打印有日期、车次、票价等。购一张票只需5秒钟。购票卡可以反复自动加钱，还可存储一些资料，提供查询服务。

在"办公室"里指挥交通

改善城市交通的管理工作，主要依靠各种不同的自动化指挥调度系统，对线路上的车辆进行指挥、调度和管理。计算机技术是建立城市交通自动化指挥、调度系统的基础。1979 年，英国成功开发出"自适应交通控制系统"，通过星罗棋布的检测装置，形成一个同中心电子计算机联结的信息网络，随时收集控制范围内各条道路和各个交叉路口的交通信息。中心电子计算机则根据收集到的各种交通信息，连续不断地对现行控制方案进行调整，保证自动控制范围内的交通处于最佳运行状态。

目前，现代化交通管理与控制技术正在蓬勃发展，而且种类繁多。在控制范围方面，有单点控制、线性控制和区域控制。单点控制是信号化交叉路口交通控制的最基本形式，它只考虑一个交叉路口而不考虑邻近交叉路口的交通流情况。线性控制是将一条主干道的一连串交叉路口作为控制对象，它要考虑这一连串交叉路口的交通流状况，并对其进行协调控制。区域控制是将整个城市或城市中某个区域的所有信号化交叉路口作为控制对象，对该范

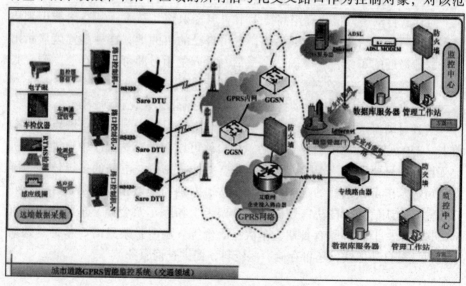

城市道路 GPRS 智能监控系统

围内所有的交叉路口的交通流进行协调控制。巴黎将 900 个路口分成 24 个控制区，在设分区控制室的基础上，建有一个中央控制室。德国慕尼黑市，将 840 个路口分成 5 个分区和一个中央控制室进行管理。

现在世界上已有交通控制系统 400 多个，它们的实践表明，可提高道路通行能力 18%，行车速度提高 20% ~ 25%，交通事故下降 20%，烟气污染减少 5% ~ 15%，燃油消耗节省 5% ~ 20%。

北京东区交通管制中心是世界上第一个含有对自行车交通信号进行控制的系统。控制的总面积为 15 平方千米。这里是居民点、工厂、大使馆、大型公共设施和旅游设施集中的区域，也是交通拥挤区。

这套管理系统可同时驱动 50 ~ 60 台交通信号机，运算速度每秒 20 万 ~ 30 万次，传送指令 75 万条。它的工作程序是，中心计算机与安装在各个路口的信号机相连，每台信号机装有一台微处理器，担负着信号控制、车辆检测、数据传输等任务。当汽车通过交叉路口时，埋在地下的检测器，记录下车辆数目，并把信息传给信号机，再把交通流量变化的数据传给中心计算机，由它分析、计算，对信号配时进行调整，然后把命令下达给交通信号机，直接控制每个路口的红绿灯。中心计算机同时与中心控制室的显示板相连，它可以动态显示每个路口信号机的工作状态，整个东区的交通状况在显示板上一目了然。

北京交通的最大特点是自行车多。为此，这套系统专门开发了自行车控制系统。在自行车流量大的线路上，设置专用自行车检测器，将自行车同机动车流量数据一同送给中心计算机，中心计算机根据各自的交通需要，对信号进行优化，尽量使成队行驶的自行车赶上绿灯。

这套管理系统附有一套电视监视系统。它由安装在路口的摄像机、闭路电视专用电脑及控制器、监视器、录像机等组成。摄像机可将路口各方面的景象全部摄入，由光缆送到控制中心。指挥人员坐在中心控制室就可以看到各路口实况，还可以用无线电话与路口民警对话。一旦出现事故，连接电视监视器的摄像机可把现场情况全部录下来，备案待查。

世界第一汽车城

在美国密歇根州东南部，底特律河畔有一座世界闻名的汽车城——底特律。市内最高建筑 47 层的大厦就是世界第一大汽车公司——通用汽车公司（GM）的所在地。除通用之外，底特律还有两家著名的汽车制造公司——福特汽车公司和克莱斯勒汽车公司。底特律城市 400 万人口中有 90% 的人从事汽车工业，美国 1/4 的汽车产于这里。底特律不愧为世界第一汽车城。

通用汽车公司一直稳坐世界汽车制造业的第一把交椅，也是美国《财富》杂志评选的世界企业 500 强的榜首。1994 年，通用汽车公司销售汽车 832 万辆，销售额达 1500 亿美元，占有全球汽车市场 17% 以上的份额。

1908 年，威廉·杜兰特创立了通用汽车公司，总部设在底特律。他原来是马车制造业的老板，汽车业的崛起使他放弃了经营多年的马车业，转而投身汽车制造业。

经过近 90 年的发展，通用汽车已风靡世界。目前，通用汽车公司在全美有 130 个汽车制造厂，雇员达 70 多万人，世界各地有 60 多家独资企业和联营企业。共生产 11 大系列、100 多种型号的汽车。这 11 个系列的品牌是：凯迪拉克、别克、雪佛兰、旁帝亚克、土星、吉姆希、欧宝、沃豪、绅宝、莲花和五十铃。

别克汽车是最古老的汽车品牌，是通用汽车公司早期的支柱产品。1984 年别克汽车的销售量突破 100 万辆。

凯迪拉克汽车是豪华汽车的佼佼者，是美国总统的座驾。它已成为高贵身份与地位的象征。

雪佛兰也是世界著名的品牌。它的子弹头式的小客车，其豪华、舒适不逊色于高级轿车。外观流线，时代感强，车窗宽敞，视野好，车内可乘 7 人，还可承载大件行李，备长途旅行之用，座椅可以调整，属于当今世界流行的小客车类型。

通用汽车公司正积极开拓海外市场，成为真正的全球性汽车巨头。1995 年以后，陆续开始在波兰、匈牙利、俄罗斯、阿根廷、印度尼西亚、印度、泰国和中国建设新工厂。在 20 世纪末，通用与上海合作生产的"上海别克"

将面世，成为中国轿车市场的新宠。

同世界大多数跨国公司一样，通用汽车公司除了把汽车生产列为公司头号支柱产品外，还涉足电子、信息和保险等产业。

底特律汽车城的福特汽车公司比通用汽车公司的历史还要悠久，它创立于 1901 年，在 1911 年——1927 年间，它曾是世界头号汽车公司，目前列居世界汽车公司的第三位。

1908 年，福特汽车公司推出了大批流水线生产的 T 型车，短短几年使年产量达到 73 万辆，成为世界头号汽车公司。目前的福特公司拥有职工 37 万人，公司的汽车品牌有林肯、福特和各种轿车、卡车和客车。

福特公司出产的林肯城市牌汽车也是美国统喜欢的座驾。布什使用的是"林肯城市特 1 号"，就是福特汽车公司生产的。

克莱斯勒是美国第三大汽车公司，创立于 1925 年，现有雇员 10 万人。克莱斯勒汽车的品牌主要有道奇、顺风、克莱斯勒轿车等。该公司也是一个跨国汽车公司。

底特律汽车城的雄风犹在。1994 年三大汽车公司在美国市场的占有率分别是：通用 33.2%，福特 25.3%，克莱斯勒 14.7%，合计为 73.2%。1994 年，美国生产汽车 1200 万辆，而日本只有 1100 万辆。底特律正在雄心勃勃地规划着未来，意欲在 21 世纪中继续保持强劲的发展势头。

最早的敞肩拱桥

我国河北省赵县城南 5 里的胶河上，有一座千古独步、优美秀丽的大石桥，它就是中外闻名的赵州桥。赵州桥为隋朝工匠李春、李通等建造，是我国现存最古的一座石桥，距今大约已有 1370 多年的历史。它不仅造型美观，结构别致，并且在世界桥梁工程史上首开敞肩纪录，像赵州桥那样的敞肩拱桥，欧洲一直到 19 世纪中叶才出现，比我国晚了 1200 多年。

赵州桥桥面宽约 10 米，两边行人，中间走车。桥的全长 50.82 米，净跨 37.02 米，但拱矢（即桥洞的高度）高度只有 7.23 米。这样，一方面桥身低，坡度小，人来车往方便省力；另一方面由于桥洞的跨度大，船只的往来可以行动自如。在大拱的双肩还对称地踞伏着 4 个小拱，平均净跨分别为 4 米和 2.72 米，这个杰出的创造不仅可以减轻桥身的重量，让桥基的负载大大减轻，节约材料，降低造价；同时，在胶河涨水时还可以分洪缓冲，有助于桥身的稳固。桥侧面的 42 块栏板上，刻有龙兽之状的浮雕，它们有的奔驰，有的缠绕，有的戏斗，简直就好像要从栏板上窜出来一样，活灵活现。栏板之间的 44 根望柱，大多数形似竹节，中间数根顶柱上雕塑着狮首石像。在仰天石和龙门石上，还分别装饰着莲花和龙头，栩栩如生。整个桥的造型既稳重又轻盈，既雄伟又秀丽，远远望去，就好像一弯新月刚刚露出水面，真是"奇巧固护，甲于天下"。它吸引着世界各地的旅游者，不远万里前来观赏、一探究竟。

最长的海底铁路隧道

随着铁道、公路交通运输事业的发达，地下和海底隧道日益增多。世界上最早的陆地隧道是 1830 年英国开拓的利物浦至曼彻斯特线的两个隧道。最早的水下隧道是 1825 年——1840 年施工的横穿英国伦敦泰晤士河底的隧道。

20 世纪 50 年代末，日本修筑了一条世界最长的连结青森与函馆的海底隧道——青函隧道。它比英、法两国原订计划开拓的英吉利海峡隧道要长得多。南起本州北端青森县东津轻郡今别町，穿过津轻海峡，延至北海道函馆上矶郡知内町，总长度达 53.85 公里，内径为 9.6 米，最深部分在海底 100 米以下，离水面距离为 240 米。

青函隧道的掘进作业使用一种威力巨大的隧道掘进专用机，一下子可掘直径 4 米的窟窿，掘进时速为两米。为推进工程所需，共掘 3 条隧道，第一条是导控隧道，用来观察土质状态和海水泛滥的可能性；另一条是操作隧道，用于运输建筑材料；最后一条是主隧道，导控隧道和操作隧道的内径仅为主隧道的一半。

青函隧道建成通车，将大大缩短本州同北海道的距离，乘坐新干线从东京到北海道首府札幌，将由原来的 16 小时 50 分钟缩短到 5 小时 40 分钟；原乘摆渡汽轮需要 4 小时 50 分钟，而乘新干线只需 13 分钟即可通过津轻海峡。同时对于加强北海道的防卫，活跃日本经济，都具有十分重要的战略意义。

最长的运河

　　我国的京杭大运河，北起北京，南至杭州，全长 1782 公里，是巴拿马运河的 20 倍，是苏伊士运河的 10 倍，是世界三大运河中最长、最古老的一条。

　　我国的大运河在历史上曾有三次较大的开凿工程。最早在春秋时代，由吴王夫差在扬州附近开凿了一条沟通长江和淮河的"邗沟"。第二次则是隋炀帝时的修建，这次工程最大，共分四段进行。公元 605 年修通济渠，从洛阳西苑通到淮水边的山阳（今江苏淮安）。同年疏通扩大了邗沟旧道，南起江都，北至山阳。公元 608 年从通济渠向北延伸，通涿郡（今北京市）开永济渠，南接黄河。公元 610 年在长江以南开了一条江南河，从京口（今江苏镇江）直达钱塘江边的余杭（今浙江杭州）。这样，前后用了不到 6 年时间，大运河全线工程告成，它沟通了海河、黄河、淮河、长江、钱塘江五大河流，以东都洛阳为中心，北抵华北平原，南达太湖流域，成为全国第一条贯通南北的运输大动脉。第三次是在元朝。自公元 1281 年起开始分段开凿新的大运河，至公元 1292 年在著名水利工程家郭守敬主持下，京杭大运河全线通航。至此，从公元前 486 年开邗沟起，到通惠河竣工止，先后经历了 1779 年，才形成了现在规模宏大的京杭大运河。

京杭大运河

最大的航空港

近年，沙特阿拉伯正在红海之滨建设世界上最大的航空港——吉达国际机场。其占地面积广达 103 平方公里，比原来世界上最大的美国达拉斯航空港大半倍以上，比不久前才落成的日本东京成田航空港则要大将近 10 倍。吉达航空港的总投资可将达 45 亿美元，在世界各大机场中遥遥领先。

吉达是一个仅 40 万人口的城市，周围都是茫茫的沙漠和草原，为什么要在这里建设如此之大的一个航空港呢？原来吉达附近有两个伊斯兰教的宗教圣地：城东 60 公里处是伊斯兰教创始人穆罕默德的诞生地麦加，城北 320 公里处的麦地那则有他的陵墓。遍布世界各地的穆斯林都把前往这两个地方朝觐当作一生中最大的愿望和应尽的义务。近年来每年朝觐人数已超过 100 万，其中大部分都是乘飞机来的，而且 40% 以上都集中于 11 月和 12 月，这就使原来的吉达机场极为拥挤。为此，早在上世纪 60 年代就已开始考虑在吉达建设一个新机场，随着近年来沙特阿拉伯经济的迅速发展，拟议中的新机场规模也越来越大。

1975 年新航空港正式动工。它位于吉达市北 25 公里处，紧靠通往麦地那的高速公路。第一期工程已于 1979 年 9 月交付使用。这期工程包括两条分别长 3300 米和 3800 米的跑道，高 45 米的中央控制塔，四个停机坪和一号候机大楼。这座大楼是一幢宏伟的四边形建筑，屋顶类似一只沙漠游牧民的帐篷，具有浓郁的阿拉伯民族风格。楼内铺设的是白色大理石，并安装了空气调节设备，以改善当地炎热干燥的沙漠气候。第一期工程的完成，每天即可接待 16000 名旅客。由于当地水源奇缺，航空港的用水将依靠红海岸边的一座海水淡化厂，它每天可生产 2.5 万吨淡水。

世界第一大海港

　　荷兰第二大城市鹿特丹，是当今世界上最大的港口。它位于莱茵河与马斯河汇合口，新马斯河两岸，距北海 25.7 公里，又邻近英国、比利时、法国、联邦德国等西欧发达国家的主要工业区，地理位置十分优越，因而成为这些国家大宗进出口货物的集散中心，素有"欧洲门户"之称。1965 年跃起为世界第一大港，货物吞吐量 1.31 亿吨。随着西欧各国经济的发展和欧洲共同市场的建立，更促进了鹿特丹港的繁荣。1982 年有 3 万多艘来自世界各地的远洋海轮在这里停泊，再加上 20 万艘左右的内河船泊，货物吞吐量达 2.52 亿吨（1973 年曾超过 3 亿吨），居世界第一位。港内航道水深无闸，不淤、不冻、不移，并可免受风浪侵袭。港区水域面积 2910 公顷，其中 2148 公顷供远洋海轮使用；全港 380 个泊位，海船码头总长 37.9 公里，可以停泊载重54.5 万吨的超级油轮。码头的专业化很强，分别设有石油、矿石、钢铁、化工品、汽车、木材、谷物、杂货、鱼肉、菜果、散装货、集装箱等专用码头，此外还有客运码头、自装自卸船码头和子母船作业区。港口设施的机械化、自动化程度相当高，平均每 6 分钟即有一艘海轮进出该港，而整个港口的职工只有 16000 多人。港区现代化的水、陆、空交通，把港口与国内和欧洲各国重要城市连接起来。

　　荷兰人民早在 14 世纪就建成鹿特丹市，并筑港修码头进行港务作业。但是，在第二次世界大战中，这个著名港市被毁于德国法西斯的炸弹之下。今天的鹿特丹，完全是战后重建起来的。1982 年市区人口 57.6 万，仅次于首都阿姆斯特丹；包括近郊人口在内，达 102.4 万，居全国第一位。市内拥有发达的炼油、造船、化学、机械等工业，并是全国重要的商业和金融中心。

世界上最长的客机

　　1997 年 9 月 8 日，在美国西海岸西雅图波音公司总部巨大的飞机装配厂房里，正在举行盛大热烈而隆重的新飞机出厂仪式。在众多身着绚丽多彩的民族服装女演员的引导下，银光闪闪的巨型新客机——波音 777 - 300 型正式出厂亮相了。

　　波音 777 - 300 是 777 系列中最新、最长的成员，飞机全长 73.8 米，比创造了亚音速客机环球飞行新纪录的波音 777 - 200 还要长出 10.1 米，比世界上载客量最大的波音 747 飞机还长出 3.1 米。当然，波音 747 仍然是世界上载客量最大的飞机，可载 420 旅客～592 名旅客，而波音 777 - 300 可载 328 旅客

波音飞机

~550 名旅客。

最长的客机 777-300 有哪些特点呢？如果把它与创纪录的 777-200 相比，就会发现有诸多的优点。

一是载客多。与 777-200 型相比，可多载 20% 的旅客。采用三级布局可载客 328 名~349 名；两级布局可载客 400 名~479 名；采用单级布局可载客达 550 名。

二是航程长。其航程要比 777-200 型长 1000 千米~3000 千米，典型航程可达 10370 千米，因而它可以不经停地跨越太平洋飞行，例如从旧金山至东京、檀香山至汉城等。

三是耗油省、成本低。777-300 型与装有 4 台发动机的波音 747-100 或 747-200 相比，航程相当，但燃油却降低了 1/3，维修成本也降低了 40% 左右。航空公司可以因此而减少 1/3 的成本。

波音 777-300 的下层货舱可装载 8 个 2.44 米×3.17 米的货盘、20 个集装箱和 17 立方米的散货。相对于波音 777-200 的结构改进，前者在前机身增加了 10 个框，长 5.33 米，后机身增加了 9 个框，长 4.8 米。另外对结构也做了加强，飞机的最大起飞重量可达 299 吨。

波音 777 系列飞机是 1990 年 10 月推向市场的。该系列飞机一问世即引起世界航空界的极大兴趣。据称，在同类型飞机中已拥有 67% 的市场占有率。截至 1997 年 8 月，波音公司共交付了 85 架 777 飞机于 13 家航空公司，其中有 6 架是中国南方航空公司订购的。1997 年 7 月，中国南方航空公司以波音 777-200 型飞机开通了广州至洛杉矶的太平洋航线。

波音 777-300 的飞机装配厂房位于西雅图的艾弗雷特，面积约 400 万平方米，容量约为 1300 多万立方米，比洛杉矶的迪斯尼乐园还要大，整个厂房面积相当于 91 个篮球场那么大。这座世界上最大的厂房主要生产宽体客机，包括波音 747、767 和 777 飞机，聘用员工约 28000 人。

最大的飞机制造公司

美国华盛顿州西雅图市的波音公司，是目前世界上规模最大的飞机制造公司。该公司 1916 年由比尔·波音创立，原名"太平洋航空产品公司"。1934 年成立波音飞机公司，开始生产民用客机。1961 年改用现名，受第一花旗银行集团控制。

波音公司在初创时期，只制造木制飞机。1932 年制造了波音 247 型飞机，这是一架全部用金属制造的双发动机客机，重量 10 吨，座位 10 个。这时，道格拉斯公司同时制造了 14 座位的 DC－1 型和 21 座位的 DC－3 型客机。在这场竞争中波音公司败给了道格拉斯公司。在第二次世界大战期间，波音公司生产 B17 型和 B29 型两种大型轰炸机，从而获得了迅速发展。在这以后，波音公司主要制造各种类型的喷气轰炸机，同时生产民航喷气客机；此外，还从事火箭、太空发射器的制造。60 年代以来民航机制造业发展迅速，占全部业务的 70% 以上。现在，每出售 10 架飞机，就有 9 架是卖给民用航空公司的，只有一架卖给政府作军用。自 1965 年开始生产波音 707 型客机到 1980 年底止，共出售波音 707 型飞机 962 架，727 型飞机 1807 架，737 型飞机 950 架，747 型飞机 572 架。目前主要生产 747SP 型宽体喷气客机。这家公司除制造波音 747 型客机外，还正式生产了波音 767 型飞机。这种最新型号的飞机机身较小，有两部喷气发动机，座位 200 个，供国内短途航线使用，第一架 767 型飞机已于 1981 年 8 月 4 日出厂。现在，世界上约有 90 个国家，180 家航空公司使用波音型号飞机，全世界每年约有 70 万旅客乘坐波音飞机。该公司 1981 年的营业额高达 97.9 亿美元。

波音公司初建时只有 21 名职工，现在有 10 万多人。其中有 8 万多人在西雅图市，因此，西雅图又被称为"波音之城"。

最早的汽车

在 15 世纪，伟大的科学家列奥纳多·达·芬奇设想过能自动行驶的车辆，而且还留下了一张设计图。这是一辆依靠发条为动力的车辆。1649 年，德国的钟表匠汉斯·赫丘根据设计图试制成功一辆，它的时速达到 1.5 公里。

由于军事上的需要，法国路易十四世时的陆军炮兵大尉厄可拉斯·约瑟夫·丘尼约（1725 年——1804 年），奉命研制牵引大炮的动力牵引车。1769 年，他在巴黎兵工厂制成一号车，但开不动，试制失败；1771 年 5 月又制成比第一号车更大的二号车，虽还不理想，但可坐 4 人，时速可达 9.5 公里，成为历史上第一部不依靠风力、畜力等外界力量而使用蒸汽动力行驶的车辆。这是一辆长 7.2 米、宽 2.3 米的木制三轮车。在前轮前面特制的架子上悬吊着一个 0.05 立方米的大锅炉，产生的蒸汽送往前轮上方左右垂直悬挂的汽缸内，带动两个活塞使前轮转动，成为历史上第一部"自动之车"。

由于锅炉和两个汽缸都装在行驶中摇晃的前轮的前面和上部，所以，驾驶不稳，况且又无凝汽器，每隔 15 分钟就得停下来加水，很不方便，加上没有刹车，非常危险，结果在一次试车中就冲撞到城墙上造成事故。1789 年，拿破仑一世下令修复此车，并于 1801 年送到巴黎法国国立工艺学院博物馆保管。

从那以后，人们不断地探索改善汽车的性能和外型。50 余年后的 1826 年，勃朗在英国制造成功世界上第一辆真正的内燃引擎汽车，于同年 4 月 25 日获 5350 号专利权。这辆两汽缸式汽车，性能很好，不仅能在平坦的大道上奔驰，而且还能翻越陡坡。1826 年 5 月，它顺利地爬上了英国肯特郡布莱克奚斯市的猎人山。

最早的火车

17 世纪初，法、德交界处的矿井已开始使用马拉有轨货车。

1781 年瓦特制造的蒸汽机问世以后，首先应用于矿井内的排水泵或煤斗吊车上。与此同时，人们也在考虑如何把静置的蒸汽机搬到交通工具上，变成动态的机械。可是，蒸汽机小型化、使车轮在轨道上不打滑、汽缸的排气、锅炉的通风等问题都有待于进一步解决。

英国人理查德·特里维西克（1771 年——1833 年）经过多年的探索、研究，终于在 1804 年制造了一台单一汽缸和一个大飞轮的蒸汽机车，牵引 5 辆车厢，以时速 8 公里的速度行驶，这是在轨道上行驶的最早的机车。因为当时使用煤炭或木柴作为燃料，就把它叫做"火车"了。有趣的是，当时这台机车，没有设计驾驶座，驾驶员只好跟在车子旁，边走边驾驶。4 年后，他又制造了"看谁能捉住我"号机车，载人行驶。可是，由于轨道不能承受火车的重量，机车本身也存在不少问题，行驶时不很安全，在一次运行途中，机车出了轨，就停止使用了。

与此同时，史蒂文森也在积极改进火车的性能，并且取得了很大的进展。1814 年，他制造了一辆两个汽缸的、能牵引 30 吨货物可以爬坡的火车。于是，人们开始意识到，火车是一种很有前途的交通运输工具。然而，当时的马车业主们极力加以反对。1825 年，斯托克顿与达林顿之间开设了世界上第一条营业铁路，史蒂文森制造的"运动号"列车运载旅客以时速 24 公里的速度行驶其间。尽管火车已经加入了运输的行列，但马车仍在铁路上行驶。到了 1829 年，曼彻斯特至利物浦间的铁路铺成后，为了决定采用火车还是马车，举行了一次火车和马车的比赛，史蒂文森的儿子改进的"火箭号"获胜。"火箭号"长 6.4 米、重 7.5 吨，为了使火燃烧旺盛，装了 4.5 米高的烟囱，牵引乘坐 30 人的客车以平均时速 22 公里行驶，比当时的四套马车快两倍以上，充分显示了蒸汽机车的优越性。于是这条铁路就采用火车了。从这以后，火车终于取代了有轨马车。后来人们称他为"蒸汽机车之父"。

载人气球首次飞越大西洋

　　一个多世纪以来，人们曾先后进行过 17 次载人气球飞越大西洋的飞行，但都以失败告终，有 5 人为此献出了生命。然而，人们并未因此放弃乘气球飞越大西洋的希望。1978 年 8 月 11 日 20 点 43 分，美国 48 岁的设计师本·阿布鲁佐、44 岁的马克西·安德森和 31 岁的艾勒克特拉航空公司总经理拉里·纽曼，驾驶着一只巨大的气球告别了美国缅因州的雷斯克岛市，开始了艰难的航行。气球在平均海拔 6000 米的高空以每小时 30 公里 ~40 公里的速度向对岸目标——布尔歇机场——飞去。气球飞行了 138 小时 6 分钟，行程 5000 公里，于 8 月 17 日降落在法国西北部埃夫勒小镇附近的麦田里，偏离了原定着陆点 96 公里。这次飞行同时创造了气球行程最远和留空时间最长的两项世界纪录，实现了 100 多年来人类欲乘气球飞越大西洋的美好愿望。

　　三名美国飞行家乘坐的气球，名叫"双鹰二号"，有 11 层楼那么高，达 30 米，球体直径 20 米，由棉质和轻质的橡胶膜做成，具有抗油、抗热、抗水性能。气球上半部涂银色，以反射阳光，防止因氢变热膨胀而使气球升得太快；气球下半部涂的是黑色，因夜间水温比气温高，黑色可从洋面吸热，这样能防止气球迅速下降。气球下面的吊舱是一个长方形的盒子，长 5.2 米，宽 1.8 米。一旦气球掉进海里，吊舱可在海上漂浮。吊舱内存放着飞行家们途中所需的一个月的食物和水，必要的导航仪器等，以及压舱砂袋和铅块。这次飞行所花的费用竟达 125000 美元。

第一次环球飞行

　　第一次完成环球飞行壮举的是美国人。有趣的是，完成这一壮举不是空军，而是美国陆军航空队的水陆两用飞机"芝加哥号"（斯密思中尉和阿诺德中尉驾驶）和"新奥尔良号"（尼尔逊中尉和哈定中尉驾驶）。美国为了这次环球飞行作了充分的准备。他们在机身两侧印上了"陆军航空队环球飞行号"的标记和编队号码。

　　1924年4月6日，由"西雅图号"、"芝加哥号"、"波士顿号"、"新奥尔良号"组成的航空队，在长机"西雅图号"率领下，从西雅图市的湖面起飞。航空队一开始就遇到恶劣气候，当飞到阿拉斯加时，"西雅图号"发生故障，不能继续飞行，其余三架在"芝加哥号"率领下继续飞越日本，在6月4日下午和5日上午分别飞抵中国上海，停泊在黄浦江面上。然后又飞越缅甸、泰国、中东、巴尔干，在斯特拉斯堡上空由法国空军护航，于7月4日抵达巴黎，正赶上巴黎的节日，受到极其隆重而热烈的欢迎。第二天在飞往英国的途中，在奥克尼群岛上空，"波士顿号"发生故障紧急降落在海面上。英国救援队在起吊飞机时不留神把机身撞坏，故其不得不沮丧地退出了首次环球飞行的行列。其余两架继续飞越大西洋，然后在加拿大诺瓦斯科夏半岛的皮克特奥把样机作为"波士顿二世号"编入航空队，于1924年9月28日在西雅图徐徐降落，完成了人类史上第一次环球飞行的创举。

　　这次共飞行了371小时11分钟，全程共"起飞"57次，飞行44360公里，平均时速为113公里。现在，"芝加哥号"和"新奥尔良号"两架飞机，分别陈列在美国华盛顿宇宙航空博物馆和西点空军博物馆内。

最快的列车

随着科学技术的不断发展，列车的速度也越来越快。目前世界上最快的电动列车时速已经达到 375 公里以上。然而，所有这些列车都是在轨道上运行的，由于摩擦力等原因，再要提高车速就比较困难了。因此，人们早就想设计一种"会飞的列车"，以满足日益增长的交通运输需要。1972 年，世界上第一台试验性"飞车"—磁悬浮列车终于诞生了。又经过了几年的努力，现在磁悬浮列车已经趋近于实用阶段，最高时速已达 507 公里。这是目前世界上速度最快的陆上交通工具。预计这种列车时速可增到 550 公里。

磁悬浮列车用硬铝制造，用电子计算机自动控制。动力由三相线性感应电动机供给，车底的旋转线图通电后，就能推动列车沿导轨稳定前进。每节车厢底部两旁都装有永磁体或小型超导磁体，在轨道两旁埋设有一系列导电性能良好的金属圆环，例如铝环。当列车前进的时候，磁体向轨道面产生强大的磁场，和轨道两旁的铝环发生相对运动，使铝环内感应出很大的电流。这个感应电流会产生很强的磁场，其方向与磁体磁场相反，从而产生了一个向上的浮力，把列车凌空托起 10 毫米左右。通常列车的运动速度越高，由感应电流产生的磁场也越强，磁悬浮力就越大。列车静止时，磁体与铝环没有相对运动，环内不产生感应电流，磁悬浮力消失。所以，在开车和停车过程中，列车仍在轨道上运行。

磁悬浮列车在高速运行时只受到空气的黏滞阻力，其噪音很小。因为列车由电力推动，所以也不会污染环境。此外，这种列车还具有速度快、平稳舒适、适合长短路程、耗电量小、外形美观、造价低廉等优点。

现在，科学家们又在设想，假如让磁悬浮列车在真空的管道中运行，就可克服空气阻力，这样列车时速可以提高到 1600 公里以上。届时人们可以不坐飞机，而改乘这种安全舒适的超音速地面车了。

第一架喷气式旅客机

1949 年，英国成功研制了世界上第一架喷气式旅客机——"彗星号"，并于 1952 年正式投入航线使用，从而结束了活塞式螺旋桨运输机统治航空舞台几十年的历史，开创了喷气式运输机的新时代。它的出现，是航空史上的一件大事。

"彗星号"飞机外形为流线型，机翼略为后掠，机翼根部装有 4 台涡轮喷气发动机。它的最大起飞重量为 70 余吨，机长和翼展都超过了 35 米，机身高达 12 米，在当时的各种旅客机中可算是"巨人"了。它可乘坐 80 名旅客，以每小时 800 多公里的速度在 1 万米的高空飞行，航程 5000 余公里。

与曾经风靡一时的活塞式运输机相比，它的速度提高了一半，载客量增加了 1 倍。它采用的是增压空调客舱，因而旅客在 1 万米高空，就像生活在 2000 米低空一样，十分舒适。

当时，"彗星号"飞机是用最新技术及最好材料制成的空中佼佼者。然而，飞机投入使用后不久，在 1954 年，有两架"彗星号"飞机由于机体结构疲劳破坏而相继发生空中爆炸事故，这就是喷气式运输机发展史上有名的"彗星号"空中爆炸事件。人们从事故中吸取了教训，开展了有关飞机结构疲劳问题的研究，使航空科学又前进了一大步。在这以后，其他大型旅客机就再没有发生过类似的事故。

第二章

陆上交通

动物交通

人类早期如果想要从一个地方到达另一个地方，就必须依靠自己的双脚，经过长时间的艰难跋涉才能到达目的地。毕竟一个人的体力是有限的，于是有人提出了要想走得更远，那么有没有其他办法呢？人类在静静地思索着，渐渐地人类最好的朋友动物承担起了这项艰巨的任务，为人类解决了许多难题。

1. 颠簸的大家伙

在象族生活的地方，我们总能看见那些巨大的家伙缓慢行驶的身影。在某些电视节目里，我们常常能看见坐在象背上的人随着大象向前挪动的脚步，不停地上下颠簸着，如果配上一曲优美的小调，这样的旅途真是一种享受。其实大象很早以前就在当地一直担任着交通运输的工作。对一些出去旅游的朋友来说，能够坐在大象的背上，跟那些大家伙来一次亲密接触，游览一番异域风情，那真的可谓不虚此行。

2. 沙漠之王

沙漠里，到处都是质地松软的黄沙，再加上干燥难耐，人类和一般动物都很难在沙漠中长时间行走。骆驼由于脚掌扁平，还长有厚厚软软的肉垫，在沙漠里可以行走自如。此外，骆驼的驼峰里储藏着丰富的营养，可使它在沙漠这样恶劣的生存环境中，连续几天不进食。据记载，骆驼17天不饮水仍可以存活下来，其顽强的生存力、悠然自得的神态，不愧为"沙漠之王"。

3. 飞奔的天使

草原上万马奔腾的壮观局面，相信很多人看过之后，都留有深刻的印象。在我国古代，各个驿站都养有膘肥体健的马儿，供信使换乘，以便快速传达信息。战火连年的年代，马更是运送物资、充当将士坐骑的主要工具。历史上出现了许多名马，像乌骓马、赤兔马等和它们的主人一起名垂千古。

4. 穷秀才的专列

古人寒窗苦读十年，才有机会参加科举考试。为了参加科考，富家子弟坐上马车洋洋得意地参加考试去了，而穷秀才就只能依靠瘦弱的毛驴载上自己，一路停停走走，前去追求功名利禄。毛驴就成为穷秀才一族的专列，虽然缓慢，但这专列却培养出了许多愿意为民请愿、劳苦功高的好官和文学艺术家。

5. 高原之舟

被誉为"高原之舟"的牦牛，是生活在西藏高山草原特有的牛种，四肢短而粗壮。藏族人民生活的各个方面都离不开它。它既可以作运输工具，又可以用于农耕。最为重要的是，牦牛识途，它可以作旅游者很好的向导，能避开陷阱、障碍，择路而行。

在漫长的历史时期里，马是人类最主要的交通工具

古老的橇

在长期依靠人力或畜力托运物体中，人们渐渐发现拖拉似乎更省力一些。这样就省去了将物品搬上搬下的力气。从日常拖拉东西中受到启发，人们开始把需要运送的货物放在木板上，通过人或牲畜将其拉到目的地。早期的橇有点像现在的滑板，但是在轮子发明之前，只要在木板下装上了简单的木架，这样就形成了古老的橇。

1. 依雪滑行

每逢雪花绽放的季节，圣诞老人就会驾着他的幸福雪橇，给世界各地的朋友们送去美好的祝福以及他精心准备的礼物。其实雪橇不是圣诞老人的专属品。在早期，它是人们拖运货物的一种主要工具，特别是在一些气候相对寒冷的国家和地区，冬季比较漫长，雪天较多，再加上雪地上的摩擦力较小，用雪橇将货物拉着行走，是一种省时省力的好方法。

2. 稳重的动力来源

雪橇能够在光滑的雪地上滑行起来，除了依靠人拉、马拉之外，主要的动力是来自于专门的雪橇犬。其中最为著名的是西伯利亚雪橇犬，它们可以

雪橇犬

马拉雪橇

拖着货物行进较远的距离，并始终保持中等速度。雪橇犬一般身材中等，步伐平稳，脚步轻快，拉着雪橇行走，很平稳，给人留下了稳重、安全的良好印象。唯一美中不足的是一些比较笨重的货物对它们来说只能是心有余而力不足了。

3. 雪橇比赛

雪橇现在被视为一种娱乐活动和运动项目。现代雪橇运动分为有舵雪橇和无舵雪橇。运动员坐在雪橇上，双手借助起点助栏用力向后推而使雪橇启动。在滑行过程中，运动员仰卧在雪橇上，单手拉住雪橇皮带利用身体姿势的改变，操纵雪橇，使之沿着冰道快速滑行。到达终点时，运动员须在雪橇上，否则成绩无效。由于线路多为 S 形的弯道，加之速度极高，滑行过程精彩刺激，绝对可以让在一旁观看比赛的你也随之心跳加速。

4. 驾驶规则

雪橇看起来好玩，但真正用起来却不是那么简单的。驾驶员在驾驶雪橇的过程中应尽量将身体靠近雪橇中心，将重量尽量集中在中心点。这样，当雪橇在转弯时，人就不会由于巨大的离心力而被突然地甩出去，并且这样也有利于驾驶员更好地控制雪橇。

轮 子

在人类发展史上，人们已经使用了驮和拉，但由于种种原因，人们还是觉得这些都不是最省时省力的便捷交通工具。经过长期地不断探索，有人发现了转动可以产生神奇的力量，于是轮子便出现了！在发明了车轮之后，人们还在不断探索着各种改进的新方法，希望能够更好地造福人类。

1. 轮子的起源

通常轮子被视做人类最古老、最重要的发明，以至我们经常把它和火的使用相提并论。实际上，人类用火的历史超过 150 万年，而开始使用轮子只有区区 6000 载光阴。轮子这种工具原来并不存在于大自然的动物或植物中。自然世界内有些动物会滚动，但是没有动物是在轮子上移动的。据部分学者的研究，在东方的中国，轮子大约在公元前 2000 年——公元前 1000 年出现。

早期人们用木轮做的马车运送货物

2. 滚动时代来临

轮子的出现使人们以一种全新的方式开始在陆地上运动，它较为明显地提高了陆地上人类搬运货物的本领。从原来机械的拖、拉式的移动，变为一种巧妙的滚动方式，大大减少了物体在移动时与地面间的摩擦，自然也就省去了克服摩擦所耗费的力气。可以说轮子的出现，使人类输送货物从移动到滚动，是人类思想的一次大飞跃。

3. 轮子的雏形

早期的车轮并不像如今使用的车轮外观美丽时尚，它的制作原理很简单，工艺一般也比较粗糙，是由整块的木头制成的。取树木的一段横截面，在中间掏一个洞，两个轮子之间再以杆相连，这便是早期轮子的雏形。由于当时生产力水平的限制，这种轮子不是正圆形的，因而在运行过程中因为不平整难免有些颠簸，还时不时还发出咚咚的响声。早期的轮子在材质上比较坚硬，因而在松软的沙地和泥路上就容易陷入路面，很难推动，尤其是大雨过后，要想快速行驶是件非常困难的事情。

4. 钟爱的驱动

当人类驯服了马这种强壮有力的动物后，马就充当了一种驱动力被广泛运用，尤其是和轮子的完美结合之后，马车随处可见。马儿作为轮子钟爱的驱动后，人们对马车这种交通工具也是爱不释手，尤其是马车已经成为王公贵族出行的首选，马车不但速度超前，而且坐起来舒适，再加上设计典雅华贵，这正符合了富人的炫富心理，象征了他们的权势地位。不仅在中国如此，世界上其他许多国家都不约而同地作出了此种选择，并且这种偏好一直持续了相当长的时间。

5. 轮子的进化

轮子的发明使人类进入了交通运输的新时代。然而随着时代的不断发展，人类也费尽心思对轮子作了很多改良，轮子的发展也逐步进入新的时代。直到今天，从原始的做工粗糙的轮子到做工精细考究的现代轮子，轮子的发展先后经历了辐射车轮、木制车轮、辐射状钢轮、金属线辐射状车轮、塑钢车轮、合金车轮等阶段，轮子的不断进步也是人类历史不断进化的过程。

轮　胎

人类的好奇心总是无穷无尽的，在发明了轮子之后，人们还是不满足这种简单的交通工具带来的舒适和便捷，还在不断的探索，期待更加卓越的发明、发现。轮胎便是人们出于对轮子这种交通工具的遗憾而潜心研究的结果，虽然这一过程是异常艰难的，但人们还是对自己所取得的成果感到欣慰。

1. 轮子的遮羞布

最初的车轮是由坚硬的木头制成的。车子在行驶过程中，碰到路面上的障碍物很容易产生较大的颠簸，对轮子的磨损也相当严重。1845 年，英国的罗伯特·汤姆森将空气压缩充入弹性气囊，用皮革和涂了橡胶的帆布做成了最初的轮胎，把它包裹在车轮边沿上，起到了一定的减震作用。从此之后，轮子就和它的"遮羞布"不断的共同成长。

2. 花式外套

为能够更好地提高轮胎的性能，从 1908 至 1912 年间，人们在轮胎表面设计了凹凸有致的花纹，从而开始了花纹轮胎的历史。随着轮胎工业的不断发展，轮子不再只"穿"着单一的表面光滑的外套，而是有了各种各样花型的外套。甚至，有些人还会为自己的爱车定制上一款独特的礼服。轮子穿上花式外套后，既提高了轮胎的抗摩擦性，增强了车子的性能，保证了行驶安全，又在一定的程度上延长了轮胎的使用寿命。

3. 永恒的经典

我们平时看见的大大小小的轮胎基本都是黑色的，其实黑色在轮胎界占有垄断地

被轮胎压过的路面留下的痕迹

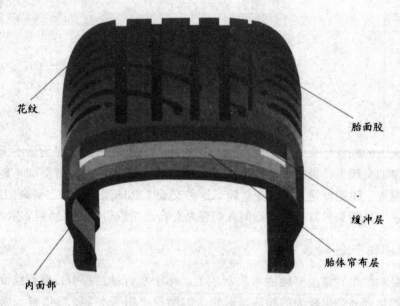

花纹

胎面胶

缓冲层

胎体帘布层

内面部

轮胎的结构图

位，还要追溯到 1915 年，当时的轮胎在制作中采用了碳元素与碳氢化合物高温凝聚的工艺，用来提高橡胶的耐磨性，于是黑色的轮胎就产生了。但 20 世纪三四十年代，人们开始尝试着用白色的油漆给轮胎着色，这样看起来是美丽多了，但不久油漆就自动脱落了，斑斑驳驳的显得更加不美观了，因此黑色轮胎便成了永恒的经典。

4. 子午线轮胎

随着轮胎工业的不断发展，人们根据实际需要不断的改进轮胎的性能，子午线轮胎就是一款高性能的轮胎。同普通轮胎相比，子午线轮胎不管是在弹性还是耐磨性方面都显示了得天独厚的优势，并且这种轮胎不易被路面上的坚硬物体刺穿。美中不足的是子午线轮胎的制造技术和成本比较高。

自 行 车

自行车发明至今已有两百多年的历史了。现在，自行车作为交通代步、锻炼身体、越野旅游、运动比赛以及少量货物运送的工具，已遍及世界的每个角落。尤其是在今天这样一个堵车严重的时代，自行车以其机动灵活的特点得到越来越多的人喜爱，很多低碳生活的倡导者更是对自行车宠爱有加。

1. 木马轮小车

1791 年第一辆代步的"木马轮"小车造出来了。这辆小车有前后两个木质的车轮子，中间连着横梁，上面安了一个板凳，像一个玩具似的。由于车子还没有传动链条，靠骑车人双脚用力蹬地，小车才能慢慢地前进，而且车子上也无转向装置，只能直行，不会拐弯，使用起来非常不方便。"木马轮"小车诞生后，人们还设计出了各种不同款式的自行车，但由于种种原因，一直没有广泛使用。

2. 现代自行车

英国的斯塔利，是一位机械工程师。1886 年，他从机械学、运动学的角度设计出了新的自行车样式，为自行车装上了前叉和车闸，前后轮的大小相同，以保持平衡，并用钢管制成了菱形车架，还首次使用了橡胶的车轮。斯塔利不仅改进了自行车的结构，还改制了许多生产自行车部件用的机床，为自行车的大量生产和推广应用开辟了广阔的前景。鉴于斯塔利的卓越贡献，人们亲切地称他为"自行车之父"。

早期的自行车脚踏板安装在前轮上，今天这种自行车已经很稀少了

3. 折叠自行车

折叠自行车是利用自行车升降手闸使整

随着时代的发展，人们将自行车进行改造，从而出现了适合儿童骑的自行车

车轴心向上提升，折叠成超小体积的轴心型便携结构，整车折叠后放进箱包中，便于携带。折叠自行车构思新颖，结构简洁合理，能轻松折叠和展开，使用方便舒适，尤其适合居住在高层楼房的人们选择使用。目前折叠自行车生产工艺已经相当成熟，简约时尚的折叠自行车备受年轻人的青睐，市场前景非常广阔，是商家们非常看好的商机。

4. 电动自行车

电动自行车，是指以蓄电池作为辅助能源和动力，在普通自行车的基础上，安装了电机、控制器、蓄电池、转把闸把等操纵部件和显示仪表系统的机电一体化的个人交通工具。电动自行车解放了人力，使用起来非常方便。即使电动自行车由于电力不足不能正常运行，人们也不必担心，一般的电动自行车都设计有脚踏功能，这样以来电动自行车还可以当作普通自行车使用，同样能够到达目的地。

摩托车

当内燃机作为动力驱动，应用于工业生产的同时，人们也在思考是否可以将它应用于交通领域，于是，交通工具有了前所未有的转变。摩托车就在这样的时代背景下产生了。高频率的运转带动车轮飞速转动，给人带来风驰电掣般的感觉。时至今日，摩托车依旧是人们追风逐梦的绝佳选择。

1. 第一辆摩托车

1885 年，德国的"汽车之父"特利布·戴姆勒制成用单缸风冷式汽油机驱动的三轮摩托车，同年 8 月 29 日他获得了这一发明专利。因此，戴姆勒被世界公认为是摩托车的发明者。戴姆勒的第一辆摩托车是用四冲程内燃机做动力，气缸工作窖为 264 立方厘米，时速可达 12 千米。车为木质结构，后轮为皮带传动，两侧有辅助支撑轮。因为他曾在堪的休塔特广场驾驶他的第一辆摩托车，鉴于戴姆勒的这一不可替代的历史地位，德国工程师协会尤登堡分会在他去世后，在此为他建立了纪念碑。

1885 年，戴姆勒首次将柴油发动机安装在自行车上，使其成为一辆摩托车

2. 逐步完善

最早的摩托车发明之后，人们开始了对它的不断改良。当时，摩托车没有缓冲装置，因此又被人们戏称为"震骨车"。1903 年，美国哈利·戴维森公司生产的美国最早的商品化摩托车问世。1912 年，他们推出了第二代 X-8A 型单缸摩托车，采用充气橡胶轮胎、弹簧车座等，这些看似简单器材的融入使摩托车开始有了实用性价值。

3. 摩托车的成熟期

20 世纪 30 年代之后，随着科学技术的不断进步，摩托车生产采用了后悬挂避凝震系统、机械式点火系统、鼓式机械制动装置、链条传动等。使摩托车又攀上了新台阶，摩托车逐步走向成熟，广泛应用于交通、竞赛以及军事方面。这是摩托车的成熟阶段。1936 年，美国哈利公司已能制造出水平较高的摩托车。

4. 摩托车的类型

摩托车是一个庞大的家族，按轮数可分为两轮摩托车和三轮摩托车。其中，两轮车中又有普通车、微型车、越野车、普通赛车、微型赛车、越野赛车等。三轮摩托车一般有两种：一种是一轮在前，两轮在后的正三轮摩托车，多用于客货运输；另一种是在两轮摩托车的一边加装一个带边斗的车轮而成的边三轮摩托车，多用于警备和军事。

5. 竞技带来的发展

早在 19 世纪末 20 世纪初，欧洲一些工业发达的国家为了比较各自制造的摩托车的性能质量，曾举行过一些非正式的国际摩托车比赛，从而逐步形成了运动竞赛项目。后来，人们慢慢开始重视摩托车手的技术训练，为适应这种技术和运动竞赛日益发展的需要，生产了各种新型的竞赛摩托车。目前国际上举行的各种大型摩托车比赛，项目繁多，比赛内容惊险、紧张、激烈。

汽车的发明

现代社会，汽车已经是再普通不过的交通工具了，大到繁华的闹市中心，小到穷乡僻壤的山村，我们总能或多或少地看见或曲折或笔直的马路上疾驰而过的汽车。然而，汽车的发明过程却不像它的速度那般飞快，从萌生到准备再到生产使用，经历了一个漫长的过程。在这其间凝聚了几代人的心血。

1. 蒸汽机汽车

1705 年纽可门首次发明了不依靠人力和动物来做功的实用化蒸汽机。当这种蒸汽机用于驱动机械后，汽车便诞生了。1769 年法国人 N. J. 居纽制造了世界上第一辆蒸汽驱动三轮车。1801 年，英国发明家特里维希克制造了一辆四轮蒸汽篷车，这是第一辆载人的动力车辆。到 1830 年中期，这种蒸汽驱动的车子在英国已较为普遍，成为载客的交通工具。

2. 汽车诞生元年

1885 年，德国工程师卡尔·奔驰制成了第一辆奔驰专利机动车，该车为三轮汽车，采用一台两冲程单缸的汽油机，此车具备了现代汽车的基本特点，

1887 年，卡尔·奔驰发明的世界上第一辆汽车

现代大众生产的甲壳虫轿车

如火花塞点火、水冷循环、钢管车架、后轮驱动前轮转向等。1886 年德国人戴姆勒制成了世界上第一辆汽油发动机驱动的四轮汽车，该车以时速 18 千米的速度从斯图加特驶向康斯塔特。因此，人们一般都把 1886 年作为汽车元年，奔驰和戴姆勒则被尊称为"汽车工业的鼻祖"。

3. 汽车的平民化

进入 20 世纪以后汽车得到了长足的发展，特别是亨利·福特在 1908 年 10 月开始出售著名的"T"型车时，这种车的产量增长惊人，1913 年福特汽车公司首次推出了流水装配线的大量作业方式，使汽车成本大降，从此汽车不再只是贵族和有钱人的豪华奢侈品了，它开始逐渐成为大众化的商品。所以说汽车发明于欧洲，但获得巨大发展却是在 20 世纪 30 年代的美国。这是在汽车发展史一块重要的里程碑。当时就流传着这样一句话："努力超过一辆福特车没有用，因为前面总还会有一辆福特车"。

4. 甲壳虫型汽车

1933 年德国的波尔舍博士设计了一种类似甲壳虫外形的汽车。波尔舍最大限度地发挥了甲壳虫外形的长处，使其成为同类车中之王，"甲壳虫"也成为该车的代名词。2006 年款新甲壳虫和新甲壳虫敞篷车，更为引人注目，外观充满更多神采和灵气，优雅的车身比例，圆润而流畅的线条，诱人心动的多种明亮色彩，使甲壳虫成为新时代轿车的经典之作。

汽车的组成

　　一部完整的汽车是有多个部件共同组的。然而各个部件之间又不是简单的相加，而是一种有机的组合，它们各司其职，协调工作，只有这样各个部件的功能之和才能得到最大程度的发挥，汽车的性能才能够得到最佳的提升，才能保证汽车更加安全快捷的行驶。

1. 底　盘

　　汽车的所有组成部件都要靠底盘作为支撑。底盘作用是支撑、安装汽车发动机及其各部件，形成汽车的整体造型，并接受发动机的动力，使汽车产生运动，保证正常行驶。底盘由传动系、行驶系、转向系和制动系四部分组成。因为处于汽车的最底层，又承接着大部分重要部分的元件，所以底盘在整个汽车中发挥着中流砥柱的作用。底盘与路面最接近，在行驶过程中，很容易造成碰撞或磨损，因此对底盘的日常维护也是十分重要的。

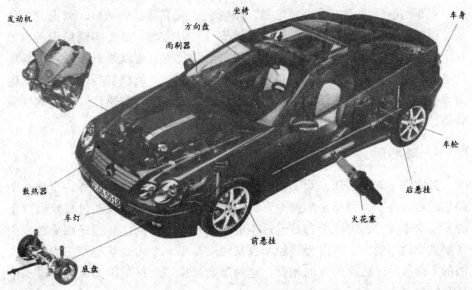

汽车的组成部件

曲线较为流畅的奥迪 RSQ 概念车

2. 忙碌的车身

车身安装在底盘的车架上，供驾驶员、旅客乘坐或装载货物。轿车、客车的车身一般是一个整体结构，货车车身一般是由驾驶室和货箱两部分组成。汽车的车身像一个忙碌的管家，总是身兼数职，需要照顾到大大小小各个部件的偏好及身形，以妥善安排它们的处所。主要包括：车身壳体、车门、车窗、车前钣制件、车身内外装饰件、车身附件、座椅以及通风、暖气、冷气、空气调节装置等。

3. 不可或缺的杂工

汽车的电气设备主要由蓄电池、发电机、调节器、启动机、点火系、仪表、照明装置、音响装置、雨刷器等组成。它们是汽车必要的辅助设备，像一个勤杂工一样承担着琐碎的工作。蓄电池和发电机可以给汽车提供所需要的电力，电动机电通过它俩获得能量，来带动车灯、雨刷器等电力装置。电力设备最重要的一个功能就是点燃发动机内的火花塞，引燃汽缸内的油气混合物，因此，没有电气设备汽车是无法行驶的。

4. 隐形的力量

其实汽车能够运动，除了我们能够看得见的基本零部件以外，还有一个隐形的幕后高手，那就是摩擦力。根据力学原理我们知道发动机只能给汽车提供一个驱动力，但这个力是远远不能推动汽车前行的，经过仔细分析我们了解到车轮与地面之间因为接触摩擦从而产生了一个力这就是摩擦力。摩擦力的方向与物体运动的方向相反，这时就会产生一个向前的力量，正是这个力量推动着汽车不断的前行。

方 向 盘

世界上所有的马路不可能一直都是笔直的，总有一些曲曲折折的道路盘根错节地装点着大地母亲，使她看起来更加婉约动人。方向盘就是一种司机和车子直接沟通的传声器，有了方向盘车子就可以及时的避开路障、行人以及险情，好的方向盘可以灵敏地传达司机的指向令旅途更加顺畅。

1. 原始的转向装置

人们思考转向装置的问题由来已久。1714 年，克特对原有的转向装置进行了大规模的改进，设计出一种齿轮状的转向装置，这便是早期的方向盘。经过无数发明家的不懈努力，转向装置终于应用在车辆上了。第一次世界大战期间，这种转向装置已经被安装在笨重的坦克上。

2. 因祸得福

汽车发明人最初在蒸汽汽车上安装的方向盘是装在垂直的转向柱上，其缺陷是不利于驾车者的操纵和妨碍视线。在 1887 年秋季，德国戴姆勒汽车公司修理工人为汽车进行大修时，发生意外使转向柱从垂直位置上弯曲了好几度。一名修理工人试图把弯曲了的转向柱矫正过来，却发现新的角度使方向盘不再操纵困难和妨碍视线了。戴姆勒立即抽调研究人员改进方向盘的装配工艺。到了 1890 年，戴姆勒汽车公司生产的汽车就装上了倾斜式的转向柱和倾斜式的方向盘。各国汽车公司纷纷效仿，使方向盘趋于定型，并且日益完善起来。

早期的方向盘

3. 省力好帮手

司机在打方向盘时需要用一定的

汽车驾驭室内的方向盘

力量，转向助力系统的出现可以减轻司机的用力强度，可谓司机的得力助手。目前市面上的转向助力系统纷繁多样。虽然它们的工作原理不尽相同，但是都是极好的方向盘转向装置的好帮手。一般高档轿车使用电动助力转向系统的比较多，而一般经济型轿车则使用机械液压助力系统的较多。

4. 正确操作方法

如果把方向盘看成钟表盘面，正确的手势是左手握在九时和十时之间，右手握在三时和四时之间，因为在发生碰撞时，这样的姿势更有利于支撑和保护身体。很多新手因为车感差，为了看到车头，就尽量将座位调整得靠前一些，几乎是抱着方向盘开车。这是不安全的做法。正确的做法是，先将座椅靠背的后倾角调整到110°左右，再将身体靠紧座椅的靠背，将座椅坐满、坐实；然后将腕关节搭在方向盘的顶端，调整座椅前后距离，使肘关节仍能保持弯曲。

安 全 带

　　说起驾驶汽车，很多人会立刻想起安全问题，于是就有人设计出了安全带。但是它并没有引起太多人的关注，随着汽车速度的不断加快，安全带才渐渐地得到人们的认可，许多汽车生产厂家也将更多的心思放在安全带的设计研究之上，不断地对汽车安全性能进行改良，以确保驾驶员和乘客的安全。

1. 最早的安全带

　　1885 年开始马车上就已经有安全带了，目的是防止马车在高速行驶中将乘客甩出去。1902 年 5 月 20 日，一名叫沃尔特·贝克的工程师参加在纽约举行的汽车竞赛。为了安全，他在座位上钉了一根带子将自己套住。在竞赛中不幸发生了事故，正是由于这根"安全带"的保护他才没有受伤，而路人就没有驾驶员这么幸运了。

2. 安全带的原理

　　众所周知，当汽车发生碰撞或遇到意外紧急制动时，将产生巨大的惯性作用力，使驾驶员、乘客与车内的方向盘、挡风玻璃、座椅靠背等物体发生二次碰撞，极易造成乘员的严重伤害，甚至将乘员抛离座位。安全带能将驾乘人员束缚在座位上，防止二次碰撞，而且它的缓冲作用能吸收大量动能，减轻驾乘人员的受伤害程度。

3. 普及过程

　　沃尔特·贝克的那次安全带体验并没有引起人们的太多关注。但是安全带的开发工作却没有停止过。1922年，赛车上开始广泛使用安全带，轿车上开始使用安全带却始于 1955 年，当时，美国福特汽车公司开始在他们生产的轿车上装上安全带。到了 1968

司机正在使用安全带

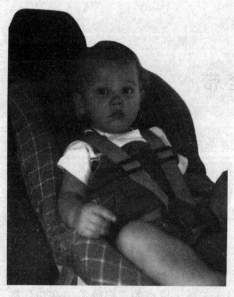

安全带可以将人牢牢固定住，以确保行车安全

年，美国法律就开始出台了相关规定，要求轿车里面向前方的所有座位处都要有安全带。从此以后，安全带得到了广泛的普及。

4. 制作材料

由于安全带的特殊作用，因此选材上应充分考虑到安全、实用、舒适等要求。根据实际中遇到的问题，汽车行业对安全带的制作有着明确的规定，安全带必须使用聚酯材料。通常制作一条安全带需要 200 根 ~ 300 根的聚酯线。另外，一般安全带宽为 47 毫米，并且能够承担 2.8 吨的重量。

5. 分 类

安全带按智能化程度来分，可分为被动式安全带与自动式安全带。被动式安全带需要乘员自己佩戴。目前大部分汽车所装配的都是被动式安全带。自动安全带是一种自动约束驾驶员或乘客的安全带，即在汽车启动时，不需驾驶员或乘客操作就能自动提供保护，而且乘客上下车时也不需要任何操纵动作。但自动式安全带还没能得到有效的普及，因此，这就要求驾乘人员主动佩戴安全带，保证行驶安全。

安全囊

汽车的安全性分为主动安全和被动安全两种，主动安全是指汽车防止发生事故的能力；被动安全是指在万一发生事故的情况下，汽车保护乘员的能力。由于很多事故是难以避免的，因此，被动安全性也非常重要，安全囊作为被动安全性的研究成果，由于使用方便，效果显著，造价不高，得到了迅速的发展和普及。

1. 漫长的发展过程

安全囊 1952 年就取得了专利，但在应用推广中经历了几上几下的波折，足足走过了 30 多年的漫长路途。直至 1984 年，汽车碰撞安全标准（FMVSS208）在美国经多次废除又重新被认可实施，其中规定从 1995 年 9 月 1 日以后制造的轿车前排座前均应装备安全囊，同时还要求 1998 年以后的新轿车都装备驾驶者和乘客用的安全囊，自此才确认了安全囊的作用。

2. 基本原理

汽车的发电机及蓄电池通常都处于车头易受损的部位，因此，安全囊的控制系统皆具有自备的电源以确保作用的发挥。在判定施放安全囊的条件达到之后，控制回路便会将电流送至点火器，借着瞬时快速加热，将内含的氮化钠推进剂点燃。随即会产生大量无害的气体，将安全囊充满，以保护驾乘者不受伤害。同时在推进剂点燃的过程之中，点火器的金属网罩可冷却快速膨胀的气体，随即气囊可由设计好的小排气口排气，以发挥逐渐缓冲功能，并避免在车身仍继续移动时阻碍碰撞后的视线。

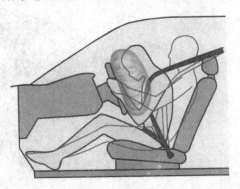

3. 安全性

安全囊示意图

安全囊可将撞击力均匀地分布在头部和胸部，防止乘客身体与车身产生直接碰撞，大大减少受伤的可能性。安全囊对于在遭受正面撞击时，的确能有效保护乘客安全。据统计，配备安全囊的车发生正面碰撞时，可降低乘客受伤的程度高达64%，至于侧气囊现在也发挥着重要的作用，已经受到人们的普遍重视，目前侧气囊已正式投入使用。

4. 不断改进

现有安全囊的基本设计目标是用来对付严重交通事故的，但在一些不太严重的事故中，系统反应过度，反而会对驾乘人员施加作用过大，适得其反，造成不必要的伤害。针对实际使用中存在的问题，我们更希望在安全囊展开之前，安全囊系统能够精确感应汽车发生的碰撞，并按照程序来判断碰撞事故的严重程度，并作出合理的处理。这样就促使科学家们花费力气去研究智能安全囊了。

5. 双管齐下

相对于安全带，安全囊只是一个辅助保护设备。在正面撞车时，安全带仍然是最重要的安全设施，但实际上在严重碰撞中安全囊也只能避免乘客头部受到重伤。因为尽管有安全带，但在发生严重碰撞时人的上半身还是会由于巨大的惯性而往前冲。所以，安全囊与安全带配合起来使用就十分必要了，做到双管齐下，才能使乘客在重大事故中得到更好的保护，有效避免重大事故的发生。

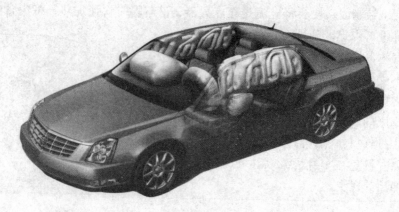

安全气囊

刹车装置

古人通过一根长长的皮鞭来控制牛车、马车的或走或停。汽车的发明不仅使人们的出行更加方便快捷，而且刹车装置和皮鞭相比，更具有天壤之别的优势，既省时省力，又安全可靠。目前，刹车装置的好坏已经成为我们评判一部车整体性能好坏的重要标准之一了。

1. 手动刹车时代

最早的刹车装置是依靠驾驶员扳动特殊的手柄来控制车子停止的。这样的手动刹车装置持续了很长一段时间。不足之处是驾驶员的双手在控制方向盘的同时，还要控制刹车装置，这样很不方便，尤其是遇到一些突发事件时，很容易使驾驶员出现手忙脚乱的情况。因此，手动刹车装置就显得非常不安全。

2. 刹车装置的完善

从1919年起，德汪德等人在液压辅助伺服刹车方面取得了一系列的专利权。1920年，本迪克斯等人为了刹车时更安全、更平稳，在汽车制动装置方面使用了双伺服刹车。其实在1906年的达拉克型刹车的特点跟当代刹车的原理已经基本相同，都制造成各种圆盘型。在后来的刹车装置上，为了增加其灵敏度和可靠性，使用了电子传感等新技术，这一技术的应用保证了刹车可以在极短的时间内将快速奔跑的汽车安全的停住。

刹车机械装置　　　　　　脚踩刹车　　　　　　刹车片

宝马车内的刹车装置

3. 小身板大作用

刹车片也叫"刹车皮"。在汽车的刹车系统中，刹车片是最关键的安全零件，所有刹车效果的好坏都是刹车片起决定性作用，所以说好的刹车片是人和汽车的保护神。摩擦系数和耐高温性是衡量刹车片的重要指标。摩擦系数过高就会造成汽车在刹车过程中打滑、翻转，很不安全；摩擦系数过低刹车就会不灵敏。在耐高温性方面，国家规定刹车片适应温度为100℃~350℃。刹车片一般由钢板、粘接隔热层和摩擦块构成，摩擦块中的摩擦材料使用完后要及时更换刹车片，否则钢板与刹车盘就会直接接触，最终会丧失刹车效果并损坏刹车盘。

4. 辅助刹车系统

一般紧急情况下有90%的汽车驾驶员踩刹车时缺乏果断，制动辅助系统（BAS）正是针对这一情况而设计。它可以从驾驶员踩制动踏板的速度中探测到车辆行驶中遇到的实际情况，当驾驶员在紧急情况下迅速踩制动踏板，但踩踏力又不足够时，此系统便会在不到一秒的时间内快速把制动力增至最大，缩短紧急制动情况下的刹车距离。这一功能的意义非常重大，尤其是对在高速公路行驶的车辆，辅助刹车系统的作用不容小看，它可以有效地防止因车速过快而造成常见的"追尾"意外。

5. 保养维护

为了保证足够的安全，对汽车的刹车装置定期进行检查维护是非常必要的。其中最重要的是，检查刹车油液面。在清扫刹车装置上的灰尘污垢时，尽量使用专用的除石棉的吸尘器，这样就可以避免清除过程中扬起的大量石棉灰粉对人体造成的危害。除此之外检查刹车装置时最好选择通风效果较好的地方，或者佩戴上防止粉尘的面罩，这些都是不错的选择。

公共汽车

虽然汽车能够给人们的出行带来更多的便利，但是限于经济能力，并不是每个人、每个家庭都有能力购买。对于绝大多数的人来说，他们还是会选择坐公共汽车出行。现代交通四通八达，有路的地方就有公共汽车，并且由于价格低廉，安全可靠，公共汽车深受普通民众的欢迎。

1. 发展简史

1827 年，法兰西共和国巴黎一家浴室的老板用公共汽车接送顾客，最初的公共汽车像长长的箱子，是用马拉的。1831 年，英国人沃尔特·汉考克制造出了世界上第一辆装有发动机的公共汽车。这辆公共汽车以蒸汽机为动力装置，可载客 10 人，当年被命名为"婴儿"号并在伦敦到特拉福之间试运营。不久，以汽油发动机为动力的公共汽车代替了蒸汽机公共汽车。最早制造出汽油发动机公共汽车的是德国的奔驰汽车公司，长途公共汽车则源于美国。1910 年——1925 年间，美国开辟了许多长途公共汽车路线，连接没有铁路的地区。

2. 公共汽车的特点

公共汽车是一种便捷的大众运输工具，也可称做"公交车"或"巴士"。公共汽车有固定的站牌和路线，并且在固定的时间发车，无论是人潮涌动的主干街道还是安静的深巷小径，我们总能看到它忙碌的身影。它的行程要照顾到大多数人，所以在到达目的地之前通常都要绕路经过很多地方。现代的公共汽车多用数字编号，不同数字表示的公共汽车所行驶的路段不一样，人们可以根据自己的不同需要自由选择。

19 世纪英国的公共汽车

公共汽车

3. 抵制公车运动

1955 年，美国黑人发起了抵制公共汽车运动。这场声势浩大的运动起因于一名黑人女工因没有给白种男人让座而被定罪，于是在黑人中就发起了罢乘公共汽车的运动。由于这次运动范围广泛，迫于压力，公共汽车公司不得不在最后妥协让步，从此以后，美国黑人与白人在乘坐公共汽车时享有平等的权利。

4. 现代公共汽车

随着社会的进步，公共汽车也逐渐向人性化方向发展。这其中包括：双层车厢的出现，这样乘坐的旅客比单层车多了 1 倍，可以为更多的人提供服务；自动报站系统的应用，避免了许多乘客坐过站，下错车给出行带来不便。另外，现在大多数公共汽车上都安装了移动电视，缓解了乘客由于长时间乘坐公共汽车而造成的烦闷，在某种程度上还可以为乘客普及知识。

电　车

电车，顾名思义就是依靠电力驱动的汽车。早在 19 世纪 80 年代，电车就开始为人们的生活服务了。它弥补了蒸汽公共汽车噪音大、污染严重的弊端，长久以来受到人们的欢迎，在整个公共汽车发展史上，电车拥有不同寻常的意义，也留下了自己独特的发展轨迹。

1. 规矩地行走

1881 年，德国工程师冯·西门子制作了第一条有轨电车轨道。1884 年，美国人 C. J. 范德波尔，采用一根带触轮的集电杆和一条架空触线输电，并以钢轨为另一回路的供电方法驱动电车。1888 年，斯波拉格对上面的方法进行了改良，从集电装置、控制系统、电动机的悬挂方法等方面入手，进一步完善了现代有轨电车。

2. 无轨电车

早期的无轨电车的式样很像轮式马车，车厢为木结构，装有实心橡胶轮胎。它从车顶上的高架线获得电流，能左右移动一段距离。所以，无轨电车比有轨电车更灵活。但是，无轨电车一般不能超车。1911 年，这种无轨电车在英国的布雷得福特市开始投入运营。20 世纪 30 年代，无轨电车在世界各地得到广泛应用。从此，无轨电车逐渐取代了有轨电车。我国的无轨电车是1914 年在上海开始使用的。

3. 挣脱枷锁

超级电容公交车的出现，使电车在摆脱了轨道的约束之后，又摆脱了"小辫子"的束缚。2004 年 7 月 19 日，国内首座超级电容公交车快速充电站实验系统在上海落成。这一系统分为电容蓄能变频驱动电车和快速充电景观候车站。超级电容器给电容公交车储能，在路过充电候车站时，就会对车辆进行 3 分钟~5 分钟的快速充电，充电后在车内冷暖空调开启的条件下，可以持续行驶 3 千米~5 千米。

早期的有轨电车

4. 可变轨距电车

日本人受到火车车轮变轨形式的启发，开始研究可变轨距的电车。在日本新干线与地方铁道的轨距不统一，新干线采用的是标准轨距 1.435 米，地方铁道的铁轨往往会窄一些，日本研究的这种电车，一方面解除了旅客的换车之苦，另一方面也使得整个国内的交通更加畅通。这种新型电车对车轮的要求极高，通常车轮都比较重。因此第一次测试中，他们就将重点放在了车轮上，看电车在高速行驶过程中，车轮会对铁轨产生多大的影响。

5. 优　点

电车的主要优点是节省燃料、不污染城市空气；与公共汽车相比，运行成本低、使用寿命长，还具有较高的启动加速度和上坡能力，必要时还可实现把车辆的势能和动能转化为电能。电车的接触网和变电所的最初投资大，在安全条件的允许下，适当增加接触网电压，可以加大变电所之间的距离，减少供电设备的最初投资。

出 租 车

出租车也是一种为人们日常出行提供便利的交通工具。它摒弃了公共汽车的一些不足之处，能够更好地为乘客节省花在路上的时间。出租车采用的是"点对点"的运营方式，不像公共汽车那样有固定的站牌和路线，它可以根据乘客的要求，直接将其送至目的地。

1. 租来的私家车

出租车，也有人习惯叫它"计程车"或"的士"。它的收费依靠特殊的计程表，可自动测量行驶路程的长短，并以此为标准进行计费，收费一般高于其他交通工具。它的载客量一般为4人~5人，车内卫生环境良好，而且可以节约时间，对于赶时间的人来说真的是一个绝佳的选择。人们想要乘坐出租车时非常简单，只需在路边招手，另外也可以提前进行电话预约。这样出租车就像租来的私家车一样即用即走。

2. 豪华出租车

乘坐夏威夷的出租车真的可以称得上是绝对的享受。他们的出租车大都是加长林肯、凯迪拉克等豪华轿车。这些车车体整洁、车内宽敞、设施齐全，电视、音响、冰箱、酒吧应有尽有。乘客可以在乘车的过程中欣赏沿途的美景，品尝美味的餐点，是一件很惬意的事情。司机的穿着也相当讲究，服务很周到，根据乘客的需要他们可以长时间等候而毫无怨言。与其他服务行业一样，乘坐这种豪华出租车除了应付的车费外，小费也是必不可少的。

3. 现代出租车

最早的出租汽车出现于 1907 年，它的出现还有一段有趣的故事。1907年的春天，美国富家子弟亚伦因为价

出租车司机和她的车

出租车

钱问题与出租马车夫发生争执，并因此被打伤。在养好伤后，他就请懂机械的朋友设计出了计程仪表，将其安装在汽车上，开始做出租汽车的生意，目的是报复马车夫，用汽车来挤垮马车。此举一出，出租汽车很快风靡全球。

4. 出租车挺进中国

1911 年，美商平治门洋行和美汽车公司在上海创办中国第一家出租汽车行。1932 年，中国人在上海成立了自己的出租车公司。到了 20 世纪 80 年代，中国的出租车总共才有 1 万多辆。1990 年后，中国的出租车才日渐增多，到今天，出租车业已成为中国公共交通市场上一个规模巨大的团体。出租车总是忙忙碌碌，刚刚送走几位乘客，立刻又迎来了几位新的乘客。

轿　　车

　　轿车是汽车家族中最受人们喜爱的一种车型，在汽车发展的百余年中，也是外形变化最大、设计改进最多的车种之一。身形小巧是它永恒的主题，外形时尚美观紧随时代的脚步是它永远追逐的目标。轿车以其机动、舒适、快捷、方便等特点，驱使着越来越多的人争相购买，目前轿车已经成为最为大众化的交通工具之一。

1. 常见的四门轿车

　　轿车的大小通常是按门的多少来划分的。最常见的是四门小轿车，以船型车身居多，这种车身的线条流畅性很好。另外，还有两门、三门、五门等，这些轿车的车型变化较多，内部的设施、装饰及所使用的材料也都不同。五门轿车是在四门的基础上改装过来的，就是多加了一个后背舱门，它的车型也随之变化，大都为斜背式或陡尾式。

2. 特别的轿车

　　面包车从严格意义上说是一种厢式轿车。比起普通的小轿车，面包车内空间更加宽敞。它比小型轿车更具有实用性，既可以运输货物，又可以坐人。更有意思的是，面包车的座椅是可以活动的，可以根据乘客、货物的比例随意翻转、折叠，非常方便。在一些短途运输中面包车由于方便灵活，得到越来越多人的好评。

3. 大型轿车

　　随着人们生活水平的提高，小型轿车已经不能满足人们出行的要求。在长途旅行中，人们追求更宽敞的乘坐空间以及更大的货舱来存放旅行中的货物。于是，大型轿车开始受到人们的欢迎，特别是很多人一起集体出

第一辆"美洲虎"轿车

奔驰 W212 型轿车

游，大型轿车能够很好地满足这些要求。现代的大型轿车还为乘客们提供空调、音乐、移动电视等服务，真正做到了高兴而来满意而归。

4. 当前状况

在世界轿车发展史上，轿车消费家庭化是从经济型轿车的发展开始。现今世界上，节能、环保、紧凑型的经济型轿车备受消费者的青睐，发展经济型轿车产业更受到各国政府的鼓励和支持。在中国，因为人口众多，人均所得收入不高，整体消费能力相对较低，启动家用轿车市场，走轿车消费全民化的路子，发展经济型轿车产业，是较为经济、理想的选择，也符合中国的国情和消费习惯。

跑　车

　　跑车也是轿车的一种，从它的名字上就可看出它擅长的是"跑"。人们在设计跑车的过程中，也充分考虑到了这一特性。它的身形比一般轿车更加小巧，流线型更强，一切都是为了速度服务。由于它的外形更具时尚性，并且速度快，所以深受年轻人的欢迎和喜爱。

1. 运动元素

　　跑车的英文名是 Sport Car，它的目的在于"把赛车运动带给普通人"，它的问世给了很多痴迷于赛车运动而自身又无法亲自试驾的普通人，提供体验做赛车手的机会，所以跑车的定义也可以理解为"赛车的民用版本"。由于这些特别理念的融入，所以跑车比普通轿车的加速性好，车速也较高，富有运动性。

2. 功能定位

　　跑车设计中一般注重操纵性的设计，为的就是能够让它跑得更快。跑车一般是两门的，车内只安装两个座位，顶盖分为硬顶和可折叠软顶两种。跑车车身轻巧，配以功率强于普通车的发动机。另外，跑车的加速功能特别强大。但是它的舒适性和通过性相比之下就略显不足。这源于它的主要用途不是用来运输客货，而是提供娱乐，是人们兜风、飙车的最佳选择。

3. 跑车分类

　　目前，市场上常见的跑车主要分为三类：一种是价格昂贵、速度性能极佳的高档跑车，如法拉利、保时捷等；二是中高档的跑车，这类跑车在重视速度的同时并不忽视舒适性，以奔驰 SEL、宝马 Z 系列等为代表；三是相对中低档的跑车，如标致

1912 年的跑车

206ccAT、现代 coupe2.0 等。

4. 奇妙的小洞

如果仔细观察跑车的外形，我们不难发现大多跑车的车身侧面都有个小洞。这个小洞是一个通气孔，洞口向前是用来进气的，洞口朝后就是用来出气的。这个奇妙的小洞是为了冷却发动机或刹车盘而设计的。跑车的车速很高，发动机和刹车盘都处于高速运转状态，温度较高。因此，设计师在设计中就考虑到这一因素，设计出这样的一个小洞，利用流过汽车的自然风来提高冷却强度。

5. 跑车中的传奇

奔驰 SL 系列代表两项属性，即 sporty（运动化）和 light（轻量化），这也的确成为了奔驰 SL 系列的目标。"鸥翼" SL 一直是跑车界的一个传奇，这个传奇开始于 1954 年 SL 的首次亮相，奔驰的设计师们为经常处于高速行驶状态的跑车专门设计了一种可以上下打开的活动式车门，它打开时像一只海鸥，而关闭时可以和车身融为一体。随后这种经典的设计也被很多跑车纷纷效仿，当之无愧地成为业内的传奇。

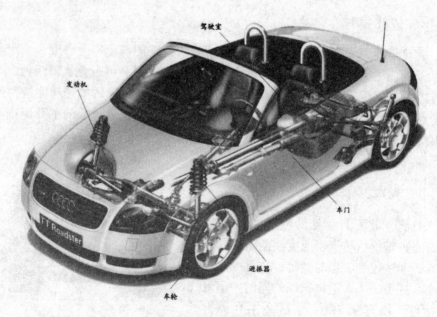

跑车的构成结构图

吉 普 车

翻山越岭，跋山涉水，轿车和跑车面对这样的挑战，心里都打起了哆嗦，它们的主人更是不愿意自己的爱车在这种艰难的环境里挣扎。在战争年代，轿车和跑车这两个汽车世界的"王子"和"公主"更不会在战场上冲锋陷阵。于是在第二次世界大战中，身体素质过硬的吉普车便挺身而出，在这一时期发挥了重要作用。

1. 吉普车简史

1902 年，荷兰的斯皮杰克兄弟制造出世界上第一辆四驱车，但在当时它是被用来参加比赛用的。1903 年，戴姆勒之子保罗设计出世界上第一辆四驱越野车 AutroDaimler Car。1934 年，希特勒让大众汽车公司开发一种他想要的小型"大众车"。要求低价、最高时速不少于 100 千米、能坐 4 个人、百千米油耗小于 7 升、重量小于 950 千克。经过不懈努力，Kuebelwagen（VWTYPE82）诞生了，在第二次世界大战期间，它共生产了 55 000 辆，在非

世界上第一批四驱越野车

军用吉普车

洲战场上出尽了风头。

2. 吉普车的分类

吉普车按作用不同分为军用吉普车和越野吉普车。军用吉普车用于军队日常作业，输送官兵、运输武器和军用设备。另外，在车上装上特殊的仪器，还可用来通讯、侦察和指挥。越野吉普车现在广受追求另类的野外探险一族的欢迎，它容量大、性能好，爬山涉水等一系列恶劣的路况条件，对它来说都是小菜一碟，根本不在话下。

3. 德美吉普比较

无论是德国还是美国的越野军车，它们都是极具历史价值的宝贝，全球的军事爱好者都热衷收藏。战后西方国家的军事部门曾拿德军吉普与美军吉普进行了比较，发现德军车更加科学、耐用，也更出色。现在越野吉普车的不少设计灵感都来自德国军车，而并非完全出自美国吉普。因此无论如何，德国越野吉普车都拥有它的独特价值。

4. 史上最牛吉普车

1939 年 9 月 23 日，宾夕法尼亚的德裔工程师"疯子"卡尔在"班塔姆"造出一辆吉普车，历时 49 天，命名"布利兹帕奇"，试车员一口气开了 400千米，将其送到热带沙漠和沼泽中接受越野测试，又从一米多高的平台上飞驰而下……5500 千米的破坏性驾驶使这部车的底盘开裂，历史上从未有过如此能经得起折腾的车。

5. 高性价比吉普车

中国的吉普车在国际上也有响当当的名字——北京 Jeep。从中国开始自行研发吉普车到现在，"北京 Jeep"可以说是中国的骄傲。它结构简单、容易维修，能够比较直接地反映路面情况，通过性相当好；另外最值得一提的是它的售价很便宜，是一款高性价比的吉普车。

赛　车

　　赛车作为一种交通工具，广泛地应用于我们的日常生活中。然而，随着人们生活水平的提高，汽车不仅仅局限于作为一种便捷的交通工具，更多的人将汽车作为一种比赛工具，这种运动项目的应运而生，带动了赛车的发展，各种款式的赛车频频出现于纷繁的比赛中，除了选手精彩的表演，赛车本身也成为人们欣赏的对象。

1. 独特的设计

　　赛车和一般汽车相比有着非常独特的设计。赛车都稍微精巧一些，只能容纳驾驶员一人乘坐，在特殊的比赛中，比如说越野赛中还需一名导向员坐在驾驶员旁边，因此它的车身都不是很大。车身低、轮胎宽大、稳定性强，虽然造型有些古怪，但这些都是赛车的特点。另外，赛车还需要良好的转向设备、刹车系统等，所有这些都是为了能够在高速行驶的情况下，保证人身安全、节约时间、取得更加优异的成绩而服务的。

1950 年的 F1 赛车

2. 激情 F1

F1 是格兰披治一级方程式（Grand Prix Formula One）的简称，所谓"方程式"赛车是按照国际汽车运动联合会（FIA）规定标准制造的赛车。这些标准对"方程式"赛车的车长、车宽、车重、发动机的功率、排量、是否用增压器及轮胎等技术参数都作了严格的规定。它是目前世界上速度最快、费用最昂贵、技术最高的比赛，也是方程式汽车比赛中最高级别的比赛。

3. F1 的摇篮

卡丁车赛是汽车场地比赛项目的一种，共分两大类 12 个级别。卡丁车赛使用轻钢管结构，操纵简单，无车体外壳，重心低，在曲折的环形路线上行驶，比赛速度感强。卡丁车是世界方程式赛车的初级形式。由于许多著名的一级方程式赛手都是从卡丁车开始起步的，因此卡丁车被视为"F1 的摇篮"。

4. 耐久赛

耐久赛是汽车场地比赛的一种。为长时间耐久性汽车比赛。比赛车辆分旅行车和运动原型车两类，并根据发动机的工作容积分为若干级别。比赛中每车可设 2 名 ~3 名驾驶员，轮流驾驶。每年国际汽车耐久赛在世界各地举行。著名的有法国勒芒 24 小时耐久赛、日本铃鹿 8 小时耐久赛。

F1 赛车结构图

特 种 车

汽车发展到今天，除了一些大众使用的普及型汽车外，设计师们还精心设计了许多能够应用于特殊领域的特种车。它们以其独特的设计，完成了许多一般车辆无法胜任的工作，大大提高了工作效率，令一些传统的车辆望尘莫及。人们越来越多的体会到特种车给生活带来的便捷。

1. 冷藏车

由于距离和温度的关系，许多容易腐败的食物只有及时的运送到目的地，人们才能吃上安全放心的食物。于是人们就想方设法地制作出一个个会跑的大冰箱——冷藏车，我们最常见的就要数运送乳制品和海鲜的冷藏车了。冷藏车安装有特殊的制冷装置，可以使车厢内保持一定的温度，能够保证货物在运输中不会变质。我们能够享用醇美的牛奶，鲜嫩的海鲜，最大的功劳要归这些冷藏车了。

2. 白色救护车

救护车，顾名思义，就是救护伤病员的车辆。救护车常常让人联想到生

特种车中的白色救护车

特种车

命和时间，对于那些突发病的或是意外的病人来说，救护车及时出现就意味着生命可以延续。当救护车赶往紧急呼叫的事故现场时，所有的交通要道都要为它让行。司机可以在车行道边缘、人行道等，救护车能通过的任何地方行驶。人们把救护车设计成白色，与医疗系统的颜色统一，就是因为白色能给人一种纯净、安静的感觉，非常有利于病人的身体恢复。

3. 威严的警车

警车是警察的好帮手，它能够帮助警察更好地完成工作。警车车顶上有闪烁的灯，在执行紧急任务时警笛鸣起，这些灯也会不停地舞动起来，道路上的行人和车辆都会自觉地给它们让行，警笛声常常令犯罪分子闻风丧胆，乖乖地束手就擒。较大的警车后排车厢通常还安装有一个铁丝网包裹得严严实实的小关押室，可以将抓获的犯罪分子关在里面，以防他们逃跑。

4. 除尘降温好帮手

炎炎夏日，太阳将地面炙烤得异常干燥，洒水车轻盈穿过，顿觉丝丝凉爽，地面的灰尘也不会因为疾驰的车辆而翩然起舞了，乖乖地服帖在地面上，散发出细雨过后那种淡淡的泥土芳香。洒水车像一位掌管雨露的天神向人间一次次地广洒甘霖，缓解了空气的干燥，拂去了细小的灰尘，给喧闹的城市带来了点点美丽和芬芳。

专用车

专用车即装置有专用设备、具备专用功能、用于承担专门运输任务或专项作业以及其他专项用途的汽车。随着经济的发展，专用汽车的品种和数量日益增多，经常使用的专用汽车有五百余种，在工业发达国家，专用汽车的品种可达千种以上。专用车在工业生产和生活中发挥着越来越重要的作用。

1. 自卸车

自卸车又称"翻斗车"，就是能够自行卸载货物的车辆。它的车斗可以自动翻起，便于倾倒沙、石、土等物品，多用于矿山、建筑、农业等方面。目前常见的自卸车主要有农用自卸车、矿山自卸车、垃圾自卸车、煤炭运输自卸车、工程机械自卸车、污泥自卸车等。自卸车在土木工程中，经常与挖掘机、装载机、带式输送机等工程机械联合作业，构成装、运、卸生产线，进行土方、砂石、散料的装卸运输工作。自卸车的出现大大减少了人力的投入，提高了工作效率。

2. 搅拌车

搅拌车是一种带叶片轴在圆筒或槽中旋转，用以混合或搅拌物质使其成为所需稠度的车子。搅拌车一般指的是水泥搅拌车。它拖着一个大的搅拌机，水泥在运输工程中需要不断地搅拌，以防止凝固。用搅拌车既可以节约时间，又可以节省人力，运到工地后，水泥就可以直接用了。在沿路的工地旁边我们时常可以看见巨大的搅拌车，在努力的工作，不断地发出嘈杂的声音，像是在向人们证明自己的勤劳。

3. 播种机

播种机指的是可以均匀、连续地撒播种子的机械。用于某类或某种作

自动倾卸卡车

物的播种机，常冠以作物种类名称，如谷物条播机、玉米穴播机、棉花播种机、牧草撒播机等。大约在公元前 3500 年古代美索不达米亚人发明了第一台播种机。它带有一个窄管的小箱，可以沿着犁开出的直沟播撒种子。播种机将种子均匀地种植在土壤里，这样有了合适的密度，将来的秧苗才能最大限度地吸收阳光和水肥，更加茁壮地生长。

4. 油罐车

油罐车是盛装、运输油品的车辆。油罐运输车背着一个大大的罐子，罐体用金属板材制作，设有呼吸阀，车的底部还装有一条防止火灾、可以将静电导入地下的铁链。油罐车的车体上一般都会注上鲜明的防火字样。正是油罐车的安全运输，各种车辆才能在各个加油站喝得饱饱的，更加动力十足地运行。为确保油罐车清洁，油罐及输油系统应定期清洗以延长使用寿命。

5. 押钞车

押钞车是为银行系统设计的专用车。为了保护车厢内财产的安全，押钞车安装有特殊的定位系统，它的玻璃和车身的设计也很独特。车上都会配备几名训练有素的押钞员，在押钞过程中他们严阵以待，时刻保持高度防备状态，凡是押钞车停靠的地方，人们必须保持一定的距离，这样才不会使犯罪分子有可乘之机。

播种机

新型汽车

汽车自诞生以来，历经百年风雨，从卡尔·本茨造出的第一辆时速 18 千米的三轮汽车到现在，竟然诞生了时速超过 100 千米的汽车，甚至速度更快的超级跑车。汽车不仅仅在速度方面得到很大的提升，随着科技的发展更多的新型汽车纷纷面世了，并且将会逐渐取代一些传统汽车在生活中的位置。

1. 第一辆微型汽车

1959 年面世的"迷你"轿车引发了汽车技术的一场革命。这种小型车在取得观念上突破的同时，还屡次在汽车赛中取得冠军。半个多世纪后的今天，这种迷你车仍然非常流行，几乎所有公司都模仿了"迷你车"的设计，生产了形形色色的"迷你车"。这种迷你设计不仅节约了成本，而且拥有轻便灵活的特性，已经赢得越来越多的中小家庭的青睐。

2. 电动汽车

虽然电动车出现到现在已经不是一件新鲜的事情了，但由于自身固有的一些原因一直未被广泛应用。与传统的依靠燃烧汽油为主的汽车相比。电动汽车依靠蓄电池放电来运行，因此，具有洁净不排放废气，无噪音等优越特性，可以说是真正的零污染。但是，由于蓄电池的寿命比较短再加上费用比较高，电动汽车广泛投放市场还需要科学家们不懈的努力。

迷你型汽车

3. 太阳能汽车

太阳能是一种源于自然、无污染而且很经济的新型能源。太阳能汽车是依靠太阳提供能量来运行的汽车。太阳能汽车的车体上装有专门收集太阳能的电池，整个车的运行正是由这

太阳能汽车

种特殊装置提供。电池将能接收到的太阳能转化为电能，再利用电动机来驱动车子前行。虽然太阳能是一种洁净无污染无需投入成本的新能源，但太阳能受天气的影响比较明显，因而在实际操作上还相当困难。

4. 混合动力车

由于内燃机驱动汽车会给环境带来污染，而电动汽车和太阳能汽车又因其各自的局限性而难以普及，所以人们开始思索能不能将这些车的优点融合起来设计一种新的汽车。于是，有人就将传统的发动机做小，将驱动汽车的工作分一部分出去，让电池和电动机系统来承担。现在这种混合驱动装置已得到一定的普及，但它也只是人类向电动汽车时代过渡中的一个产品。

5. 抽象的概念车

单从"概念车"这一名称来看，就感觉很抽象，很难让人理解。设计概念车就目前来讲，大批量生产投入使用不是目的。概念车没有特定的车身形状，每一辆车都体现了设计者独特的构思和不断追求创新的理念，为汽车的创新发展提供了一种新的思路。可以说概念车代表了未来汽车的发展方向，为未来的汽车设计者提供了一种新的借鉴模式，同时概念车已经成为越来越多车迷们收藏的对象。

蒸汽机车

蒸汽机的发明使人类进入了工业革命时期。蒸汽机开始不断应用在生产、生活的各个领域。工厂里机器的运作、蒸汽驱动汽车前行，当然也有人将它应用在火车的开发上。蒸汽机车是现代火车的雏形，它使人类更加自由的穿梭于各个城市之间，成为文化和社会进步的重要标志。

1. 工作原理

蒸汽机车是蒸汽机在交通工具上运用的最好范例。我们都知道，蒸汽机是靠蒸汽的膨胀作用来做功的，蒸汽机车的工作原理也不例外。当司炉把煤填入炉膛时，煤在燃烧过程中，它蕴藏的化学能就转换成热能，把机车锅炉中的水加热、汽化，形成400℃以上的过热蒸汽，再进入蒸汽机膨胀做功，推动活塞往复运动，活塞通过连杆、摇杆，将往复直线运动变为轮转圆周运动，带动机车动轮旋转，从而牵引列车前进。

2. 第一台蒸汽机车

英国19岁的理查·特里维西克一直对瓦特发明的固定动力蒸汽机很有兴趣，并按照自己的想法对其进行了改进。1801年，他利用自己改装后的蒸汽机制成了一辆蒸汽机车，这是世界上第一台蒸汽机车。有一次，理查·特里维西克的一个朋友对这辆车的装载能力提出了质疑，为了赌这一口气，理查·特里维西克造出了一台可在铁轨上行驶的货运蒸汽机车，为自己和自

蒸汽提水机模型

己的发明赢回了面子。

3. 首次载客

由于理查·特里维西克的蒸汽机车整体重量太大，生铁铁轨不堪重负发生了断裂事故，所以矿山主们没有采用他的发明来运送矿石。1808 年，他又举行了一场名为"看谁能赶上我"的表演。他用自己的蒸汽机车拉动一辆载人车厢，在一个圆形轨道上行驶。好奇的年轻人纷纷上去乘坐，成为人类历史上第一列真正意义上的载客火车。

4. 中国的蒸汽机车

蒸汽机车虽然来自国外，但中国人很早就已经学习掌握了这项技术。1881 年 11 月 8 日，中国第一条自办铁路——"唐胥铁路"（唐山至胥各庄）建成。在"唐胥铁路"修筑路基的同时，中国工人凭借当时任总工程师的英国人金达的几份图纸，利用矿场起重机锅炉和竖井架的槽铁等旧材料，试制成功了一台"0-3-0"型的蒸汽机车，被金达、薄内等英国专家命名为"中国火箭"号和"龙"号，这是我国自制的第一台蒸汽机车。这标志着中国人可以自主研制生产蒸汽机车了，是巨大的历史性进步。

早期行驶在铁路上的蒸汽机车

火车驶入历史

在蒸汽机车发明之后，人们就开始慢慢地利用它拖动长长的车厢将货物和旅客送往不同的目的地。看到它头顶上冒出的一簇簇蒸汽，并且时不时蹦几串火花出来，于是人们就形象地给它取名为"火车"，这个名字一直沿用至今。伴随着行进中不断发出的"轰隆隆"之声，火车渐渐地驶入了人类的历史。

1. 铁路的成熟

火车和铁路在今天已经是一对孪生兄弟。早期的木头轨道因为存在很多缺点，很快就被人们弃置了。最终人们将目光瞄准到铁轨上，又想出通过枕木分担铁轨压力的方法，保证铁轨的安全使用，并且规定了铁轨的规定宽度。至此，铁路就基本成熟了。1825 年，斯蒂芬孙在英国达灵顿到斯托克顿之间建成了一条成熟的铁路，它已经具备了现代铁路的基本要素。

2. 曲折的历程

火车走进人类历史并不是一帆风顺的，也曾经一度遭到人们的敌视和反对。有人故意破坏铁路桥梁和新建轨道，甚至政府也出台了一些不利于火车

早期行驶在利物浦至曼彻斯特铁路上的火车

1864 年，乔治·M·普尔曼设计出的一种新型的卧铺车

发展的政策，马车主们嘲笑火车跑得没有马车快。火车在当时可谓举步维艰。为使更多的人了解并接受火车这一新事物，斯蒂芬孙用火车与当时其他交通工具进行了一次比赛。在比赛中，他的火车以绝对优势取胜，使人们不再对这个"钢铁怪物"心生忌惮。

3. 火车带来的巨变

随着火车为大多数人所接受，它在英国迅速发展起来。当时使用的火车头大都为斯蒂芬森工程公司所制造，其结构成为未来火车头发展的标准形式。1836 年，英国的铁路总长已超过 724 千米，成为英国工业革命中的"经济动脉"，它沟通了英国各个主要的工业基地。为资本主义经济的发展注入了鲜活的血液。

5. 尴尬落户中国

中国有铁路始于清朝末期。然而清政府腐败、保守、专制，唯祖之规矩是从，不肯接受新生事物。他们把修建铁路、应用蒸汽机车视为"奇技淫巧"，认为修铁路会"失我险阻，害我田庐，妨碍我风水"，因而顽固地拒绝修建铁路。1876 年 7 月 3 日，由英、美合谋，由英国在华的代理人—怡和洋行，擅自在中国的土地上修建了中国第一条营业性铁路，随后，清政府为了稳固自己的江山社稷，不惜花费巨资将这条铁路赎回并销毁。这次火车驶入中国是一次巨大的挫折，这次的尴尬行为，让火车成了无轨之车，动弹不得。

火车的完善

蒸汽机车作为火车头，带着整列火车走进了人们的生活。火车的发展完善也是经过了一个漫长的时期。它身上的每一个小部件、小细节都凝结着人们周详的思索和不断探索的脚步。经过不断地改良和更新，火车的性能日趋完善，与人们的生活日益密切，能更好地满足人们的出行和日常需要了。

1. 1435 的来历

铁轨的宽度是一个固定的数值。现在世界上普遍规定是 1.435 米，沿用了当年斯蒂芬森的规定。这个宽度其实最早来自于古罗马军队的战车，原来罗马的战车都是马拉的车，两匹马屁股之间的距离正好是 1.435 米，英国人就沿用了这个宽度，以后世界上许多国家也沿用了这个宽度。

2. 男性义务

起初火车的运行速度要大于汽车，并且重量大、惯性大，所以在刹车上，火车面临着比汽车更为严峻的问题。人们最早采取的办法是将机器关掉，让车身自然滑行。然后用汽笛发出"嘟嘟"的提示，车上的男性乘客就自觉地从车上跳下来，大家一起用力将火车拉住，迫使它停下来。

3. 停车的秘密

空气看上去轻飘飘的没有什么力量，但将它压缩聚集起来，它的力量却是无穷的，可以让巨大的火车乖乖地停下来。乔治·威斯汀豪斯最初发现了这一现象，并制成了空气制动机。

纵横交错的铁轨

在试验中，机车在距离马车 1.2 米的时候居然停了下来，这样空气制动机很快便得到了广泛应用。

4. 手指的启发

最开始火车只有一节车厢，但随着火车的日益发展，人们想着是不是可以多增加几节车厢。但车厢之间的连接问题却迟迟不能解决。伊莱·约翰逊从自己的手指得到启发，发明了自动挂钩装置，并获得了专利。但由于种种原因，直到美国人的大力支持，这种挂钩才被重视起来，开始发挥自身的价值。

5. 新技术的推广

新技术的推广往往是一个漫长的过程，火车发展史上也是如此。通常只有权威人士才能带动大家接受这些新鲜的东西。火车的完善过程中也有一个有力的支持者，这个有力的支持来自于美国艾澳瓦州的洛伦佐·科芬。他是当时的铁路处长，对空气制动机和自动挂钩给予了肯定，并说服车辆制造协会做一次试验。1887 年的一天试验成功了。1893 年，美国出台了所有列车必须安装自动挂钩和空气制动机的硬性政策，两位发明家也因此挣到了一笔钱。

缓缓驶来的火车

火车头的变迁

蒸汽机车诞生之后，的确给人们的生活带来了许多便捷，然而人类并未就此停止探索的脚步，关于火车头的研究工作还在进行着。一直以来，蒸汽机车火车头产生的噪音和烟尘污染是人们最头疼的问题，寻找更好的驱动方式代替蒸汽机车火车头，成为人们迫切需要解决的问题。

1. 内燃机车

1866 年，德国人奥托首先制成了一种燃烧煤气的新型发动机。这种发动机和蒸汽机在汽缸外面的锅炉里燃烧的燃料不同，它是在汽缸内点燃煤气的，然后利用气体的压力推动活塞，从而使曲轴旋转。因此，就给它起了个形象的名字，叫做"内燃机"。内燃机的出现，为火车的进一步发展带来了生机。从此，内燃机车就成了火车家族中的一位重要成员，并得到了广泛的应用。

2. "长辫子"机车

1881 年，德国试验成功一种适合以高压输电线向电力机车送电的供电系统，叫做"架空接触导线"供电系统，也就是将电力机车的供电线路由地面转向空中。实际上，这种供电系统和现在城市中的有轨电车相似，在车顶上装着一条"长辫子"。这种装有"长辫子"的火车，依靠装在车顶上的"长辫子"把电力从架在空中的电线上引到机车里，使直流电动机旋转，再经过一套传动装置带动车轮转动，机车就会跑动起来。

早期的火车头

3. 美丽的遗憾

电力机车固然有很多好处，但在使用中人们还是发现了它的不足之处。

要给机车持续的供电，就必须在轨道沿途架设高架线，或者建设第三轨，这是一大笔的开销。另外，一旦停电，整个铁路线就会陷入瘫痪的窘境，严重影响人们的生活。所以，内燃机一出现，就以其不依靠外部提供能源的优点，得到了广泛认可。

4. 燃气轮机车

这种火车头仍然属于内燃机车，工作原理也和内燃机车相同，但它的结构简单，制造也比较容易，实用的可靠性高。与一般的内燃机车相比，燃气轮机车的功率更大，这样，列车的速度也就大大提高。美中不足的是速度越高，所受的阻力也就越大。现在，人们对火车头的研究和改造，基本上也都是从这点出发的。

5. 子弹头动车组

中国"子弹头"列车的科学名称是"动车组"，这种新型列车在动力、材料和内部结构上都使用了最新的机车技术。通常的电力机车和内燃机车，其动力装置都集中安装在机车上，在机车后面挂着许多没有动力装置的客车车厢。而动车组运行时不仅是机车提供动力，部分车厢也装有动力设备，更有利于提高和保障速度，这样即使有一两节动车发生故障也不会影响整体运行。

靠电力运行的火车

地　铁

今天的火车已经能够在人们开凿的地下隧道里奔跑，这就是地铁。仅仅从外表看，地铁和地面上的火车几乎没有什么差别，其实地铁主要是作为一种城市里的交通工具，与公共汽车、出租车等共同分担着城市里的交通运输任务，这与地面上穿梭于各个城市之间的火车大不相同。

1. 最早的地铁

世界上首条地下铁路系统是在 1863 年开通的伦敦大都会铁路，是为了解决当时伦敦的交通堵塞问题而建的。当时电力尚未普及，所以即使是地下铁路也只能用蒸汽机车。由于机车释放出的废气对人体有害，所以当时的隧道每隔一段距离便要有和地面打通的通风槽。现存最早的钻挖式地下铁路则在 1890 年开通，位于伦敦，连接市中心与南部地区，为第一条电动地铁。

2. 地铁的建造方法

建造地铁并不是一件简单的事情。最简单直接的方法是明挖随填，这种方法一般是在街道上挖掘大坑，再在下面建造隧道结构，隧道有足够的承托力后才把路面重新铺上。除了道路被掘开，其他地下结构如电线、电话线、水管等都需要重新配置。建这种隧道的物料一般都是混凝土或钢。另一种方法是使用钻挖机一面挖掘一面把预先准备好的组件安装在隧道壁上。

3. 功能逐步单一

早期的地铁功能比较多样化，在战争（如第二次世界大战）时更是如此，地下铁路亦会被用做工厂或防空洞，还有一些地铁专门用来运送货物，美国的芝加哥曾有用来运载货物的地下铁路，英国伦敦亦有专门运载邮件的地下铁路。但两条铁路已先后在

1863 年建成的第一条地铁

人来人往的地铁站

1959 年及 2003 年停止使用。目前，所有城市地下铁路功能已经渐渐趋于单一化，仅仅为客运服务。

4. 列车的演进

最初的城市轨道系统车厢是木制的后来改为钢制，以减少发生火灾的危险。自 1953 年开通的多伦多的地下铁路，车厢开始改良为铝制，有效减少维修成本和重量。很多地下列车通过的隧道，都比在主要干线上的要小；所以一般而言地下铁路的列车体积一般比较小。有时隧道甚至能影响列车的形状设计。另外，部分较为先进的系统已开始引入列车自动操作系统，更先进的轨道交通系统，都能够做到无人操控。

5. 地铁在中国

自 1965 年开始，中国就有了自己的地铁。1969 年 10 月，北京地铁第一期工程投入试运营。紧接着是天津的地铁，于 1984 年 12 月开通。现在，中国的北京、天津、上海、广州、南京、深圳、成都、沈阳、西安、苏州香港、台北等城市已经拥有自己的地铁线路。还有一些城市也正在筹建自己的地铁。不久的将来，地铁将会发挥越来越重要的作用。

轻　轨

在城市铁路的建设中，轻轨和地铁像是一对孪生兄弟，各自承担着自己份内的任务。由于投入时间不同，相对人们对地铁的了解可能多一点，对轻轨就知之甚少了。甚至有些人认为这两兄弟只是工作的地方不一样而已，其实不然，再亲密的兄弟也会有不同于彼此的特点。轻轨和地铁也是这样。

1. 新成员报到

轻轨交通是城市交通的新成员，它是 20 世纪 70 年代发展起来的新型城市公共交通系统。同地铁一样，也是依靠电力驱动，对环境的污染很小、容量高，行驶过程中安静平稳性能好。虽然现在它还没有得到广泛的应用，但是它的优点却早已深入人心。人们一直以来都期待着这种交通工具能够及早地普及。

2. 同地铁的区别

划分地铁和轻轨区别的依据是所选用列车的规格。按照国际标准，城市轨道交通列车可分为 A、B、C 三种型号，分别对应 3 米、2.8 米、2.6 米的列

轻轨列车

轻轨列车

车宽度。凡是选用 A 型或 B 型列车的轨道交通线路称为地铁，采用 5 节~8 节编组列车；选用 C 型列车的轨道交通线路称为轻轨（上海轨道交通 8 号线除外），采用 2 节~4 节编组列车，列车的车型和编组决定了车轴重量和站台长度。

3. 工作环境

轻轨对工作环境的要求不高，可以建在高空或地下，享用专门的行车空间和轨道，专业人士称之为"专用路权"。另外，可以通过建设高台或者用栅栏与其他车辆分开，在隔离出的车道内行驶，这种称为"隔离路权"。再者，就是将轨道建在道路上，轻轨列车与其他车辆共同占有行车空间，这种是"公用路权"。在实际建设中，各个城市、各个路段应根据实际情况择优选择符合当地实际状况的轻轨线路。

4. 交通展望

轻轨已得到越来越多的国家和地区的重视，一些发达国家、发达城市的轻轨技术已达到非常先进的水平。正所谓"没有最好，只有更好"，人们对轻轨的未来发展也提出了新的要求和展望。易于制造、方便乘客、利于环保、维护简便，是人们向轻轨进一步研究提出的新方向。

5. 津滨轻轨

津滨轻轨又称"天津地铁 9 号线"，始建于 2001 年 1 月 18 日，一期工程东段于 2003 年 9 月 30 日建成通车，2004 年 3 月 28 日开始试运营。2007 年轻轨公司开始经营全国第一条电气导轨列车业务，由轻轨泰达站所在的第一大街开往第 13 大街，沿途覆盖开发区主要的金融机构，大型企业和部分大学。全程各站统一票价为 2 元，可投币或者在泰达轻轨站购买专用 IC 卡或凭学生证办理学生卡。

磁悬浮列车

磁悬浮列车是利用磁铁"同性相斥、异性相吸"的原理，使列车飘浮在轨道上行驶。这种神奇的、飘浮的力量，使人类的交通工具进入了更加高速行驶的阶段。磁悬浮列车的最高速度可以达到每小时500千米以上，相信随着磁悬浮列车技术的成熟，未来它很有可能成为航空运输强有力的竞争对手。

1. 飞起来的车

高速磁悬浮列车是对传统轮轨铁路技术的一次全面革新。它主要依靠电磁力使车体浮离轨道，就像一架超低空飞机贴近特殊的轨道运行。磁悬浮列车的整个运行过程都是在无接触、无摩擦的状态下实现高速行驶的，因而人们给它取了非常动听的名字如"地面飞行器"、"超低空飞机"。

2. 分 类

磁悬浮列车分为超导型和常导型两大类。从内部技术而言，两者在系统上存在着是利用磁斥力、还是利用磁吸力的区别。从外部表象而言，两者存在着速度上的区别：超导型磁悬浮列车最高时速可达500千米以上，而常导型磁悬浮列车时速为400千米~500千米。

磁悬浮列车

3. 最早的磁悬浮

英国是最早将磁浮铁路投入商业运营的国家之一。1984 年 4 月，伯明翰机场至英特纳雄纳尔车站之间一条 600 米长的磁浮铁路正式通车运营。旅客乘坐磁浮列车从伯明翰机场到英特纳雄纳尔火车站仅需 90 秒钟。令人遗憾的是，在 1995 年，这趟一度是世界上唯一从事商业运营的磁浮列车在运行了 11 年之后被宣布停止运营。

4. 德国的磁悬浮

德国人从 1968 年就开始对磁悬浮进行研究。德国的磁悬浮采用的是在轨道和车体之间用普通直流电磁铁产生磁力，再利用车体自身的重量使两者脱离。在这样没有接触的环境中，列车处于一种"悬浮"状态。车体与轨道间几乎是零摩擦，列车就可以高速行驶了。目前，德国的常导磁浮铁路研究技术已趋于成熟。

5. 上海磁悬浮

上海磁悬浮是中国第一条投入运行的磁悬浮铁路，全长约 30 千米。上海磁悬浮由中国与德国合作完成。2002 年 12 月 31 日，中国时任总理朱镕基和德国时任总理施罗德成为上海磁悬浮列车的第一批乘客，亲自体验了首次试运行。

德国的磁悬浮列车

第三章

水上交通

早期水上交通

在人类探索水上交通工具时可谓费尽了周折，毕竟长期的陆地生活让人对水可心存畏惧。通过长时间和观察了解，人们渐渐发现，其实很多工具都可以用做通过水面的工具。于是，人们发挥自己的聪明才智，充分利用各种能想到的工具，开始了不断的尝试，虽然这其中可能也有过苦恼，可是毕竟他们成功了。

1. 就地取材

芦苇、树皮、原木等可以浮在水面上，慢慢向前移动，早期人类或许从这里受到启发，开始研究这些东西，于是这些天然的材料就成为人们制作水上交通工具的开始。有人把芦苇扎成一个巨大的包，双手紧紧地抱着芦苇包顺利地过河了；也有人用原始的石斧、石刀等将树木砍倒，静静地趴在上面，也安全地过河了。这样，原始水上交通工具就诞生了，从此，人们不再畏惧这些淙淙流动的液体了。

2. 奇妙的葫芦船

葫芦是一种非常古老的植物。葫芦在人们的日常生活中用途非常广泛，可以做容器，装酒装药、做装饰、做乐器、做舀水的器皿，甚至未成熟的葫芦还是人们餐桌上的一道佳肴。在早期，人们将多个葫芦串在一起，拴在腰间，就可以过河了，这种葫芦串叫做"腰舟"。过河的时候，人借助葫芦这种非常有趣的渡水工具，漂浮在水面上，缓缓驶向目的地。

3. 船的雏形

在中国古代就有"伏羲氏刳木为舟，剡木为楫"的传说。这种方法就是将整个树木砍倒后，利用火烧或者石斧砍凿，将其中的多余物质掏空，这样人就可以乘坐在空余的部分里，安全的渡河了。这种装置已初步具备了现代船的基本特征，拥有船底、船舷和船舱，可以方便地运载人和物。后来人们将它称做"独木舟"。毫无疑问独木舟是现代船舶的雏形。

4. 独木舟的演进

人们在独木舟的基础上，给上面铺了一层木板，就形成了早期的"木板船"。木板船的构造极其简单，仅仅在原来独木舟的基础上添加了一块木板，可别小看了这一块木板，它可以使独木舟的承载量大大增加，其后出现的船都是在这种木板船的基础上发展而来的，即使是我们现代的巨型船舶也无不例外的运用了这种原理。

5. 舒适的皮囊船

人们经过不断探索，发现给皮囊里充满气体，皮囊也可以漂在水面上。于是，人们就开始骑着这样的皮囊渡河。皮囊充气后非常柔软，即使长时间骑着也会很舒服。后来，人们在皮囊上绑上了木板或竹板，这样双腿就不用长时间地浸泡在水里了。皮囊的出现，使人们在渡河的过程中也可以随心所欲地欣赏沿岸的美景，陶冶性情。

小船

筏　子

人们发现竹子、原木，还有充气后的皮囊等在水中一直会漂浮在水面，不会下沉。人们最初对这个问题一直百思不解，随着认识能力的提高人们逐渐认识到这是浮力在起作用。于是，早期的人们就利用这种力量发明了筏。筏的种类有很多，利用不同的材料可以制作不同的筏。筏子制作简单、使用方便，很受人们的欢迎。

1. 轻巧的竹筏

将竹子并排用藤条牢固地扎在一起，就制作成了今天还可以见到的竹筏。它最早出现于两千多年前的中国，是江南地区常见的水上交通工具。竹筏制作简单，行驶起来非常安全，根据承载量的不同，制作竹筏所用的竹子也不同，一般 5 根~8 根竹子制成的称为"小筏"，11 根~16 根制成的称为"大筏"。

2. 木头筏子

木筏的制作方法和竹筏相似，将整根木头切割成适当的大小，然后再并排捆扎起来，一个木筏子就制成了。因为木头本身具有一定的吸水性，如果

停靠在岸上的筏子

长时间地浸泡在水中极易腐蚀。因此，在制作木筏之前必须对这些木头经过一系列的特殊处理，这样成型后的木筏才能有较长使用寿命。

3. 皮筏子

皮筏子是一种简易的渡河、运载工具。可以单个使用，也可以多个相连，结队而行，作长、短途运输。这种运载工具流行于中国青海、甘肃、宁夏境内的黄河沿岸，尤其以兰州一带最为常见。在旅游盛行的黄河沿岸，皮筏子已经成为一种旅游工具，吸引着越来越多的游客，现在坐皮筏子游览黄河已经成为一种时尚。

4. 时尚漂流

筏子在水中的主要运行方式是漂流。现代人们已将这种漂流发展为挑战极限的一种体育运动。在从事这项运动时，漂流爱好者大都挑选水流时而湍急时而平缓比较复杂的水路。筏子在这样的河道中颠簸着顺水而下，在筏子与岩石和浪花的激烈搏斗中，人们体会到了人与自然抗争的快感。

5. 遗产魅力

皮筏子漂流，这一古老的行当很有可能随着时代的变迁而退出人们的视线，老一辈"筏子客"为此痛心不已。然而，一项巨大的活动又让一些年轻人重操旧业。2010年兰州第二届羊皮筏子黄河漂流活动在"黄河母亲"渡口开漂，再现了羊皮筏子这一非物质文化遗产的独特魅力。

在广西桂林的漓江上，竹筏是最环保、最受游人欢迎的水上交通工具

桨和桨船

桨是人们划船时最常用到的工具之一，它的出现给船增加了新的动力，人们不但可以快速到达目的地，而且可以逆水而上，使船在水中的活动更加自由。有效地克服了船在航行中的各种困难，如逆流、逆风等。随着桨的优点不断的得到人类的认可，人们开始尝试将桨和船结合在一起，使这种有效的资源尽最大可能的为人类服务。

1. 桨的形态

人们现在使用的船桨大都是这样一种形态：为了方便人们手握，所以上端被设计成圆杆；下端的板状设计略宽，很易于划水。然而，最初的桨与我们今天看到的桨差别很大。最初人们发明桨的灵感来自于鱼鳍，人们发现鱼儿在水里自由的游动时，鱼鳍总在不停地拨水，于是人们就模仿鱼鳍制造出了最早的桨。这种桨握杆比较短，桨板又窄又长。

2. 桨船的问世

最初人类是在独木舟或筏一类的简陋的水上运载工具上顺流而行的，如果要转向或逆流而行，就必须依靠手去划水。久而久之，人类发明了桨，这

可容纳多人的桨船

样人类的手臂被无形地延长了。有了桨，人就可以坐在船上划水前进。于是，桨渐渐成为船不可缺少的配件之一，随即桨船便出现了。桨船自诞生之日起就成为人们渡河的重要工具之一。

3. 桨船的种类

按照桨的配置不同桨船被划分为单层桨船、双层桨船和多层桨船。在双层桨船和多层桨船上，划桨手坐在各层的水平甲板的长条凳上划桨。在爱琴海地区，克里特人也是最早的航海民族之一，他们的划桨船技也是十分优秀的。克里特人的战船上曾经配置有 44 名划桨手，这些划桨手坐在上层水平甲板的长条凳上划桨，就可以推动巨大的战船乘风破浪，快速前行。

4. 小桨船

小桨船是第一种为战争而建造的船种，最早是由希腊人所建造。小桨船的两边有着一排排的船桨，由受过训练的划船手来划桨航行。这些划船手都是由受过专业训练的，或是爱国的市民们所组成。在这些船的船头部分会装上一个巨大的青铜制的类似鸟嘴般的钩子，用来冲撞和弄沉敌船。因为船身相当的狭长，使得小桨船除了在平静的海上外，是很难维持平衡的，这也使得船员们有很长的一段时间，只能在近海活动。

5. 现代桨船

现在桨已经失去了其最初的功能，主要流行于各种游船上，此外奥运会上还保留了独木舟比赛。不过比赛用的桨，用材、比例等均与我们在游船上见到的仿古桨有很大区别。

现在的桨船一般应用于比赛中

帆　　船

　　桨船主要依靠人力划水前进，帆船的出现对人力是一次巨大的解放，从此人们就开始利用取之不尽用之不竭的风力，扬帆起航，开始对这个世界进行无尽的探索。帆像是给船插上了启动的翅膀，使船犹如飞鸟般只需轻轻掠过水面，便可以向前迈进很长一段距离。

1. 帆的出现

　　帆似乎是在人类的长期实践中，不知不觉地走入了人类的生产、生活的。也有观点认为，发明帆的人是受了一种叫鲎的动物的启发。鲎是一种甲壳类节肢动物，生活在海中，尾坚硬，形状像宝剑。鲎腹部甲壳可以上下翘动，上举时，称"鲎帆"。一般情况下帆的面积越大，收集到的风力就越大，随之船的航行速度就更快。

经典的帆船

现在人们所使用的帆船

2. 帆船的发展

初期的帆不能转动，只有风顺时才能使用，风不顺时就只有落帆划桨。这种帆船只能顺风前行，转弯则由橹来操纵方向。后来人们在航行的实践中逐步发现，即使不顺风，只要使帆与风向成一定的角度，帆上还是能受到推船前进的风力，于是人们又制造了转动帆，在逆风的情况下，船也能前进。15 世纪时，大西洋沿岸的欧洲国家在帆船设计方面有一项划时代的进展，就是三桅船，它基本上集中了各种帆船的优点。

3. 中国的帆船

东汉出现的平衡纵帆是中国独创的。这种帆在桅前后面积的比例不同，使风的压力中心移至桅后，而又距桅杆很近，故帆的转动较省力。这种帆的出现，标志着中国木帆船逆风航行能力已达到成熟阶段。我国的航海技术基本与帆船的历史相同步，帆船是我国古代海洋社会经济与文化发达的物质基础，直到清代以后才被西方生产的洋轮取代。

4. 逆风原理

逆风行驶的帆船并不是始终朝一个方向行驶的。逆风中的帆船一般总是沿着 S 形的航线迂回前进的。当船偏左航行一段路程后，再将船头和帆偏向右前方。看起来帆船就像沿着"之"字前行。水手们常把这种逆风驶帆的方法形象地称做"抢风行船"。

5. 帆船运动

帆船运动已成为一项全球性的体育项目。比赛用的不是大型帆船，而是一种结构非常简单的单桅船。帆船比赛项目最早源于 16 世纪～17 世纪的荷兰，现在，帆船比赛已经成为一项受人关注的运动项目，频繁地出现在了各种比赛中。帆船渐渐退出承载大量运输任务的水运工具的行列，而成为一种文化和娱乐的象征。

船　　锚

　　船在水面上行驶，不像汽车和火车可以采用刹车装置，然后依靠与地面或是轨道的摩擦力滑行一小段距离就可以缓缓地停下来。如何才能随心所欲让船想停就停，这曾是一个让人头疼的问题，直到有一天人们发明了船锚，停船这个问题才得到了有效地解决。

1. 工作原理

　　船锚的作用类似于汽车的刹车装置，构造也比较简单。锚是由锚环、横杆、锚杆、锚臂、锚冠和锚爪等基本部分组成的，通过长长的铁链与船体连接。船在航行中需要停靠时，水手们就将锚抛入到水中。当锚接触到水底时，水下的一部分链条紧紧地咬住海底地面，锚爪牢牢的钩住水底的岩石或泥土，再通过连接在船体上的铁链将船拉住，使其慢慢地停下来。

2. 船锚的分类

　　锚按其结构不同可分为有杆锚、无杆锚、大抓力锚和特种锚。有杆锚就是当锚深入水底时，锚爪插入土中，横杆能阻止锚爪翻起，起到稳定的作用。有杆锚中有海军锚、层洛门锚、单爪锚及日式锚等。无杆锚没有横杆的设计，锚爪可以转动。大抓力锚顾名思义就是具有很强大的抓力，抓得深且抓土面积大，是一种有杆转爪锚。特种锚就是用在特殊地方、具有特殊用途的锚，比如说用于固定水中浮标的永久性系泊锚等。

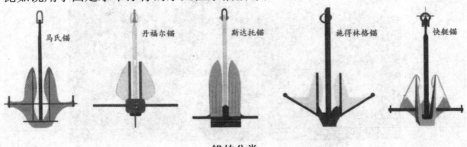

锚的分类

3. 抛锚方式

船尾抛锚多用于内河船和登陆船艇。当内河船向下游顺水航行停泊时，为保障安全和避免调头、翻船等不安全因素的出现，常采用船尾抛锚的方式。同时，根据特殊的要求有时候还可以从船的头和尾两个方向同时将锚抛下，使船舷对着风向停止。这种方法是先将船头的主锚从顶风方向抛出，然后用小艇将船尾的锚运出抛下，使船停止在需要的位置上。

4. 特殊抛锚方式

若想使停泊的船舶总是以船舷对着风向时，就得采用艉舷抛锚方式。艉舷抛锚的方法，一般是将主锚从顶风方向抛出，从船艉把一根缆索绕过船舷外边与已抛出的主锚链连接，然后再放出一些主锚链即可，另一种方法是，在艉部主锚抛出后，再从艉部抛出尾锚。尾锚通常用小艇运出抛下，尾锚一般比主锚小。

5. 锚的保养

锚虽然是由锻造金属制成的，但是长期在潮湿的水下环境作业，磨损、腐蚀是在所难免的。有时会因为连接锚和锚链的销栓发生松动而导致锚的丢失；有时也会因为锚链的老化而断锚丢失。所以对锚的维护是要定时、按时进行的。起锚速度不可以过快，这对于锚链和锚本身都是有损坏的。锚丢失在茫茫的水域中，要找回简直是大海捞针，因此，最好的"寻找"方式就是保护好，防止其丢失。

船上使用的锚

海盗船

海盗曾是海洋上横行一时的霸主，在人们的脑海中，想起海盗就会联想起电影画面里破旧的骷髅旗、残缺的腿或手臂、坏坏的眼神、海盗船长肩上的鹦鹉等。除此之外海盗们的船也是别具一格，每一处设计都为他们的职业而服务，热爱冒险的人们都对海盗充满了幻想，期待着某一天可以揭开他们的神秘面纱。

1. 海盗的渊源

海盗这一职业不是电影里原创的，早在 3000 多年前就有海盗活动了。类似中国古代社会的山贼坐山为王，危害一方百姓。海盗则将他们的目标锁定在海上航行的船只。可以说海盗和海上航行是相伴而生的，自从有了船只航行，就有了海盗活动。随着航海技术和人类商业的发展，海盗职业也慢慢火起来。历史上 1691 年——1723 年是海盗活动的猖獗时期，因此这一时期也被称为海盗的"黄金时代"。

2. 历史一去不复返

曾有一段时期，维京人就是海盗的代名词，听到维京人几个字人们已经开始忐忑不安了，尤其是长期活动在海上的人更是心有余悸。"维京"一词本身就含有旅游和掠夺的意思，维京人的足迹遍及整个欧洲，但通常都是以海盗的身份出现。从公元 780 年起，他们就开始了自己的海盗生涯，驾驶着独特的维京大船在海上横行，直至公元 10 世纪末这一疯狂的行为才慢慢收敛。

3. 维京船

在海盗船中，最具有代表性的就是维京船了。这种船是挪威人在公元 5 世纪~公元 10 世纪时发明的，船的造型特殊，船身狭长，艏艉尖细向上翘起，有些还在船身侧面设计了隐蔽的小窗口，便于发动攻击。

另外，在靠岸的时候这种船还可以向一侧倾斜，方便人畜上下船，这样的一系列设计都是为抢劫服务的。精良的设计再加上较快的速度，使得海盗船可以在辽阔的海域里神出鬼没，让那些商船的主人整日提心吊胆地生活。

4. 新型海盗船

到了现代，在平静的海面上仍旧有不平静的海盗事件发生。较为著名的就要数索马里海盗了，他们将海盗船伪装成渔船再配上雷厉风行的快艇就可以开始自己罪恶的猎物活动了。他们通常都有周密的计划，在抢劫之前有专业人员负责先摸清目标船的情况，再由特定的小分队按计划执行任务，得手后迅速与总部取得联系，按照指示更换船的颜色、旗号、船舶证，到达指定地点与人接头。

5. 新兴的旅游

人们对海盗船一直充满了敬畏与好奇。在比格迪半岛有一座海盗船博物馆，展示了三艘海盗船，吸引了很多游客前去参观。这三艘海盗船，都是在奥斯陆峡湾附近出土的。"科克斯塔德"号细长优雅，"奥塞贝丽"号设计细腻华丽，"杜内"号则仅存船底部分。

现代的海盗船

轮　船

　　轮船的出现，在船舶的发展史上可以说是具有划时代的意义。在经历了用桨划水的人力驱动、扬帆启航的风力驱动两个时期，人们再次地利用蒸汽机，使船自主运行起来。于是，轮船便出现了。与汽车火车的发明一样，轮船的发明也凝聚了人类的聪明才智，经过一个漫长的过程才成熟起来。

1. 特别的轮船

　　我国唐代李皋发明了一种特别的"桨轮船"。他在船的舷侧或艉部装上带有桨叶的桨轮，靠人力踩动桨轮轴，使轮轴上的桨叶拨水推动船体前进。因为这种船的桨轮下半部浸入水中，上半部露出水面，所以称为"明轮船"或"轮船"，以便和人工划桨的木船、风力推动的帆船相区别。

密西西比河上的汽船

2. 为船痴迷

1787 年，美国的约翰·菲奇成功地制成了"实验"号蒸汽船。他用蒸汽机带动一根铁杆作水平运动，再用这根铁杆带动 6 支船桨划水，运载了 33 名旅客。但在 1792 年的一场暴风雨中，这艘船不幸被摧毁。然而，他并没有停止对轮船的研究，于 1796 年开始试验世界上最早的螺旋桨推进器。他一生为船痴迷，却因为得不到亲戚朋友的支持和理解而变得郁郁寡欢，于 1798 年，为船痴迷的约翰·菲奇逝世了。

3. 第一艘轮船

1802 年，英国人威廉·西明顿采用瓦特改进的蒸汽机制造成世界上第一艘蒸汽动力明轮船"夏洛蒂·邓达斯"号，在苏格兰的福斯—克莱德运河下水，试航成功。这是一艘木壳船，船中央装有西明顿设计的蒸汽机，推动一个尾部明轮。轮船的出现对拖船业主们是一个打击，他们以汽轮船产生较大的波浪为由，拼命反对，问世不久第一艘汽轮船被扼杀在摇篮里。

4. 首航轮船

美国的约翰·史蒂芬森于 1804 年建成世界上最早有螺旋桨的轮船。由于推动螺旋桨的蒸汽机转速太低，所以他自己当时也不是很满意，认为推进器最终轮桨较好一些。经过一段时间的潜心研究，1807 年，史蒂芬森建造了带轮桨的"菲尼克斯"号轮船。"菲尼克斯"号从纽约沿海岸驶向费城进行试航，途中遇到风暴。"菲尼克斯"号轮船经过 13 天的航行还是平安地到达费城，这是世界上轮船首次在海上航行成功。

5. "轮船之父"

被人们称作为"轮船之父"的罗伯特·富尔顿是美国著名的机械工程师。1807 年 7 月他设计完成了长 45.72 米、宽 9.14 米的汽轮船"克莱蒙特"号。8 月 17 日，载有 40 名乘客的"克莱蒙特"号从纽约出发，沿着哈德逊河逆水而上，31 小时后，驶进 240 千米以外的奥尔巴尼港，从此揭开了轮船时代的帷幕。此后它在哈德逊河上定期航行，成为世界上第一艘蒸汽轮船，此举奠定了轮船坚定不容置疑的地位。

划水工具

无论船型怎么变，划水工具怎样改进，船的行驶总是依靠划水产生的反作用力将船向前推进的。人类不断探索着如何加大这种力。蒸汽机提供了更多的能量，使得划水的力量加大、频率加快，所产生的反作用力也就加强，船就行驶得更快了。从最初的桨和橹，到现在的螺旋桨，划水的工具在不断地适应人们对这种力的需求。

1. 浪漫之旅

一根长竹竿或木棒，就可以推动船儿前行，这种划水工具就是篙。篙的制作简单，最适合于浅水河道和近岸航行的船舶。一艘船通常由两人分别持着两支篙轮流撑着，其中一人将篙撑在水底或岸边，然后由船艏走到船艉，则船会向撑篙人行走的相反方向前进。另一撑篙人则持空篙由船艉返回船艏，如此反复撑船。篙是一种非常浪漫的划水工具，徐志摩先生的《寻梦》"撑支

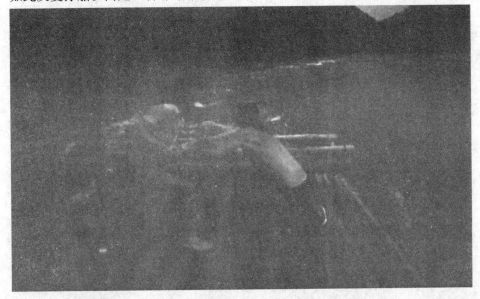

渔民用竹竿推动着流动的水，以达到使船行走的目的

螺旋桨

长篙，向青草更青处漫溯"让许多人痴迷。

2. 一橹三桨

橹的外形有点像桨，但是比较大，一般支在船尾或船侧的橹檐上，入水一端的部分呈弓形，另一端则系在船上。用手摇动橹檐绳，使伸入水中的橹板左右摆动。橹摆动时，船跟水接触的前后部分会产生压力差，形成推力，推动船只前进，就像鱼儿摆尾前进。古人有"一橹三桨"的说法，认为橹的效率可以达到桨的三倍。

3. 旋转的明轮

早期的轮船采用的都是明轮。就是在船身两侧安装上类似车轮的装置，一半浸在水中，一半露在水面上。船在行驶过程中，蒸汽机将动力传给明轮，随即圆圈旋转，带动宽板交替着划水，船就自然运动起来了。因为明轮一部分是露在水面上的，所以一不小心就可能划伤自己或其他船的船体。除此之外，人们在实践中，发现明轮存在的问题很多。针对这些问题，人们开始了对新的划水工具的探索和研究。

4. 螺旋桨

人们综合了桨以及明轮等划水工具的优点，发明了能够在水下运动的螺旋桨。首次试验是在 1837 年，佩蒂特·史密斯爵士用螺旋桨成功推动了汽艇。此后，螺旋桨被广泛地应用。螺旋桨一般安装在船的艉部，完全浸在水中。桨叶有一定的扭曲角度，在旋转中，能够对水产生向后的推动力，船体在水的反作用力推动下，便向前行驶。

5. 涡轮动力

1897 年，帕森斯通过对自己设计的"突比尼亚"号的改造，发明了涡轮动力船。改装后的"突比尼亚"号安装了三根轴，每根轴有三个螺旋桨。在试航中，速度大大提高，于是涡轮动力得到人们的普遍认可。

油　轮

　　轮船在实践中不断的改进，发展出了很多具有不同功能的船。油轮就是专门用来运输液体的，虽然它的名字是"油轮"，但运载对象却不仅仅只是油，它也可以用来运输其他液体。尤其是一些巨型油轮的出现，一次可以运送很多的货物，大大节约了运输成本。目前，人们还在不断对油轮作进行改进，希望它能更好地满足人们的需要。

　　1. 基本构造

　　油轮在运输之前，用油管将石油或需要运输的其他液体灌入舱内。纵向式的油舱，没有纵向舱壁隔离，所以在没有完全装满的时候，船身也能够保持平稳，而它的机舱一般都设在船艉。从安全角度出发，油轮的驱动装置也设在船尾。原因是如果像其他船一样，把驱动装置穿过油舱安装，就很容易因为可燃气体的不慎外泄而引发爆炸事故。

　　2. 油轮动力

　　大多数运输原油的油轮可以装载 10 万吨以上的货物，90% 使用蒸汽机作为动力装置，原因是原油必须加热后才有足够的流动性，可以被泵入油轮，在整个运输过程中它们始终被保持在加热的状态下，这样可以在目的地快速

准备起航的油轮和油罐

地卸货。因此驱动的蒸汽机还可以用来提供加热原油的蒸汽。原油的运输速度不重要，因此这些船的航速比较慢，一般时速在 28 千米左右。

3. 特别的油轮

油轮除了完成自己分内的职责外，还可以根据需要随时接受其他任务，负责运输其他液体。像葡萄酒等一类可食用的液体，在运输过程中就需要保证它不变质，一些需要保持特殊温度的液体，舱内就需要安排特殊的保温装置。所以说，根据液体的不同性质，对船的硬件要求也是不同的。

4. 海上"乌鸦"

船只在航行中不可能永远一帆风顺，油轮也是。从开始航行到现在，由于各种原因引发的原油泄漏事故比比皆是。这不仅造成了原油的流失，而且对周围环境也造成相当恶劣的影响。海面上被厚厚的原油覆盖；美丽的海鸟一下子变成了黑色的乌鸦，无奈地拍打着翅膀在海面上嘶叫。一些海洋动物也被强行穿上了黑色的礼服，海滩上也是一片黑糊糊的景象，让人类也感到头晕目眩。

5. 双壳油轮

双壳油轮是拥有两层外壳的油轮。一开始建造双壳油轮的目的是节省运送需要加热的液体如沥青、糖蜜或石蜡时的能量和价格，因为两层壳的隔热性能比较好。今天建造双壳油轮的动机是提高其安全性，防止外泄，但两层船壳之间的空间常常需要抽入海水，按照船载货的情况来平衡船身。含盐量高的海水对船内壁的腐蚀非常大，而船的两层壳之间非常窄，无法使用船上的设施来确定内壁腐蚀的程度。因此，双壳油轮的普及还需要一个漫长的过程。

客　轮

夕阳西下，波光粼粼的海面，海鸟轻轻划过水面，盘旋在旅客的头顶……客轮不仅给我们带来如此的美景，还为我们提供了良好的居住环境。为了给旅客营造更好的旅行氛围，客轮逐步完善了许多设施，装饰华丽的餐厅、娱乐场所给我们的旅途平添了几分舒适和满足。

1. 客轮与邮轮

有些地方将客轮称为"邮轮"。因为早期，在航空发展起来之前，人们一直用轮船传递邮件。现代的邮轮不同于以前，它已经不具备邮递的作用，而是安装了很多的娱乐设施，提供许多周到的服务，成为现代人们旅游度假的最佳选择，严格意义上来说应该算作游轮。而客轮相对来说，没有邮轮的奢华外表和尊贵的地位，但主要职责还是输送客人。

2. 海上宾馆

为了方便更多的乘客乘坐，客轮上一般都建有高大的建筑。从上到下，针对具有不同消费能力的客人，它的舱位还分为不同的等级。各个级别的客舱，内部设计和设置是不一样的。有些客轮上还有游泳池、电影院、舞厅等，

正在海面上行驶的豪华客轮

乘客们乘坐客轮就像在陆地上住宾馆一样方便，不同的是住在这种海上宾馆里，不用来回奔波就能顺利地到达目的地了。

3. "泰坦尼克"号

电影《泰坦尼克》为我们再现了当年那场惊心动魄的灾难。"泰坦尼克"是英文"Titanic"的音译，意为"庞大的、巨大的"。"泰坦尼克"号以此为名，号称"永不沉没"。在当时是最大、最豪华，也是最昂贵的客轮。1912年4月15日是它的处女航，由英国南安普顿驶往纽约港。在途中，不幸撞到冰山，整艘船都沉没了，2224名乘客仅有711人生还。

4. "法兰西"号

"法兰西"号是航行在20世纪60年代大西洋上的豪华客轮，最具特色之处是它的防火措施。船上没有木制品，连装饰用品都是用耐热防火材料制成的。此外，它双层船壳的设计，在船身不幸穿洞的情况下，可以迅速关闭59扇钢门，防止水灌进船身。

它拥有巴黎最好的百货公司分行、一间海上最大的电影院，甚至还有医院和太平间等。

5. 移动中的城市

"玛丽女王"2号真的可以说是客轮中的"女王"，首先，它身长345米，是世界上最长的客轮；其次，它的吨位达到15万吨，可以同时容纳2800人，这些都是当时的世界之最；第三，它也是最高、最豪华的客轮。船上各种设施齐全，完美得就像一座百年名城，如果拥有足够的时间和金钱在上面住一段时间你肯定会忘记自己其实是生活在海上。

豪华客轮上的娱乐设施和游泳池

货　轮

　　货轮顾名思义就是专门用来运送货物的轮船。货轮以其笨重的身躯将整船的货物由一地运往另一地，沟通世界各国的贸易交流，毫无怨言。根据载重量的多少和货物性质的不同，货轮可分为很多类。在现代的海洋上，货轮在运输货物方面，因其自身的优点也占有非常重要的地位。现在，货轮是数量最多的一种轮船。

1. 战争催生的货轮

　　自由轮是一种"二战"期间在美国大量制造的货轮。美国舰队购买了大量的自由轮来替代被德国潜艇击沉的商船，同时，也有很多自由轮通过租借法案提供给英国。自由轮建造迅速，价格便宜，它成为二战中美国工业的一种象征。在 1941 年——1945 年间，18 个美国船坞共计建造了 2751 艘自由轮。这些船只的数量，以及很多船只在 5 年的设计寿命之后依然幸存，都让它们成为备受关注的研究对象。

2. 普通货轮

　　普通货轮又称"干货船"，是货轮家族中最常见最普通的一员。这种货船上的建筑通常都很矮小，生活设施也比较简单，甲板层数也不是很多，但是和其他兄弟姐妹们相比它拥有更宽敞的货舱，可以给更多的货物提供容身之地。普通货轮在出发前，人们必须做好充足的准备工作，先将货物打包装箱，然后用船上的吊杆，或者其他起重设备将货物吊到船上，最后将货物在货舱内整整齐齐地排放完毕，才可以启程。

3. 滚装船

　　第一艘滚装船由美国人在 1958 年制造。滚装船是利用牵引车或叉车直接将货物运送到货舱内，人们又形象地称它为"滚上滚下船"。这种船的装卸效率高，可以直接连通水陆，使用起来非常方便。船内设有很多层甲板，那些放进去的货物可以暂时"居住"在这里，另外，它还有特别设计的跳板、可

1979 年，载重 225200 吨的"好望角"型干货船

活动的斜坡道和升降平台，供运输货物的车辆行走。但是，它的重心高，所以稳定性不是很好。

4. 冷藏货轮

有些货物很容易在短期内腐坏，为了保鲜，就出现了冷藏货船。和冷藏车一样，冷藏货轮整个船舱都利用特殊的制冷装置降温，船体甲板和货舱壁也都装有特殊的隔热材料。整条船就好像一个巨大的活动冰箱，装载着鱼、肉、水果、蔬菜等容易变质腐坏的食物。将新鲜蔬菜水果从一个码头运另一个码头。

5. 集装箱货轮

采用集装箱运输是现代使用较多的一种海上长途运输方法。集装箱船分为部分集装箱船、全集装箱船和可变换集装箱船。部分集装箱船是指将货舱的一部分用于存放集装箱；全集装箱船就是专门运载集装箱的轮船；可变换集装箱船装载集装箱的结构是可以拆分的，可以根据实际需要安装或者拆下。

破 冰 船

轮船发展到一定阶段，已经可以运载乘客或者货物，在水面上来去自由地航行了。但是当寒冷的冬季来临，或者到了气候条件恶劣的北极地区，水面上一层厚厚的冰，就会严重地阻碍轮船的前行并且很容易引起一系列不安全事故的发生。于是，人们设想对部分轮船经过改造和发展，能否击碎这些拦路虎，这样"破冰船"就诞生了。

1. 身形构造

因为破冰船所肩负的特殊使命，所以它的外形和构造也有自己的独特之处。为了能够凿开厚厚的冰层，为其他船只开辟出较宽阔的航道，破冰船的船身通常是短而宽的，船头外壳用经过特殊处理过的厚钢板制成，这层钢板至少有 5 厘米厚，目的是能够有效地撞碎厚厚的冰层，同时使自身免受伤害。破冰船的船体内部有密集的钢结构作为支撑，船身还有特制的抗撞击合金钢加固保护。

2. 破冰方法

破冰船一般常用两种破冰方法，当冰层不超过 1.5 米厚时，多采用"连续式"破冰法。主要靠螺旋桨的力量和船头把冰层劈开撞碎，如果冰层较厚，

执行任务的破冰船

"列宁"号破冰船

则采用"冲撞式"破冰法。冲撞破冰船的船头部位吃水较浅，能够轻而易举地冲到冰面上去，船体利用自身的压力把下面厚厚的冰层压为碎块。然后破冰船倒退一段距离，再冲上前面的冰层，把船下的冰层压碎。如此反复，就开出了新的航道。

3. 首艘破冰船

1864 年，俄国人为了保证喀琅施塔得至奥兰宁鲍姆航线在冰冻期也能够正常通航，对"派洛特"号小轮船进行改装，将其改装为世界上第一艘破冰船。英国人为俄国设计制造的"叶尔马克"号，是第一艘能够在北极地区航行的破冰船。"叶尔马克"号的出现为北极的考察工作提供了更加便利的条件，自此人类探索北极地区又迈进了一大步。

4. 动力来源

大部分破冰船都是采用柴油机作为动力源，用燃油燃烧产生的动力来带动电动机，再由电动机带动螺旋桨开始旋转，促使船体前进。1957 年，苏联制造的第一艘核动力破冰船，被命名为"列宁"号。这艘船采用热核反应堆，高压蒸汽推动汽轮机转动，然后通过螺旋桨推动船体航行。

5. 中国破冰船

1912 年，中国首次制造了"通凌"号破冰船和"开凌"号破冰船。随着南北极考察事业的发展，现代破冰船已成为极地考察的重要工具，除用于破冰外，还兼负海洋考察等任务。但这类破冰船的破冰速度慢，燃料消耗大。虽然破冰船采用核动力推进装置，能适应北极地区的特殊需要，但通常造价比较高。

水 翼 船

在对船舶的不断使用中，人们发现船在水中行驶时，水对船身会有很大的阻力，影响船只的航行速度。于是，人们就开始设想如果船被其他物体支撑起来，那岂不是减少了很多阻力，在这种理念的带动下，让船渐渐地能够在水面上飞起来，当时有人说这是天方夜谭，但是这并没有影响发明家们的热情和水翼船的应运而生。

1. 水翼船研发史

前苏联是最早致力于研究水翼船的国家。在 1957 年，就有一艘名为"火箭"号的水翼船在伏尔加河上首航成功。虽然前苏联从 1943 年就开始了对水翼船的研究，但第一艘水翼船并非出自他们之手。早在 1897 年，生活在俄罗斯的法国贵族坎特·德·兰伯特就已经按照水翼船的原理制造了第一艘水翼船。其后的 1905 年，意大利人福拉尼尼取得了水翼船的专利。

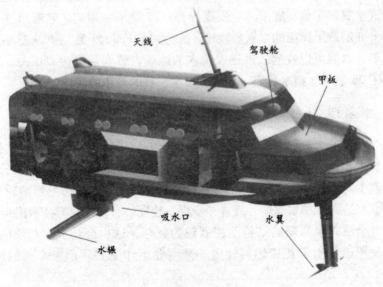

水翼船的基本构造

2. 基本构造

为了使船身更加轻便，水翼船的船身采用质量较轻的铝合金制成。而水翼由于需要长期浸在水中，并且在行驶中会与水面产生很大的摩擦，所以通常采用高强度的材料制成，比如钛合金。在驱动上，水翼船采用大功率轻型柴油机或燃气轮机带动螺旋桨或喷水装置推动船身前进。航行的速度越快，水翼产生的升力就越大。

3. 水翼船分类

有些水翼船的水翼是固定不动的，这类水翼船主要分为全浸式水翼船、割划式水翼船。全浸式就是指在航行时水翼完全浸没在水中，这种水翼需要特殊的收放装置；割划式水翼船在航行时，水翼有一部分露在水面上划开水面行驶。还有一部分水翼船拥有可以活动的水翼，称为自控式水翼船，这类水翼船可以根据实际航行的需要，对水翼的方向进行调整，以适用于不同的水域。

4. 波音水翼船

喷射飞航的金星水翼船需要的技术跟航空技术十分相似，因此美国的波音公司在 20 世纪 60 年代便开始研究水翼船。1974 年，波音制造了 6 艘 PHM 型全浸式水翼船军舰。舰上装有反舰导弹，75 毫米快速炮。航速超过 45 节。同时波音亦制造了民用的水翼船渡轮，称为 "JetFoil929 型"。929 型亦为全浸式水翼船，水翼可以收起，以进入浅水的地区，载客量可达 250 人。波音总共生产了 26 艘 929 型水翼船，买家有日本、英国等地的渡轮公司。

5. 发展限制

现今存在的水翼船大多不超过 1000 吨，并以近海航行为主。跟其他的高速舰艇技术相比，水翼船的主要优点是能够在较为恶劣的海情下航行，船身的颠簸较少。而且高速航行时所产生的兴波较为少，对岸边的影响较低。缺点主要在制造大型的水翼船、或进一步提高速度，目前还存有技术困难。

此外全浸式水翼船的结构及控制较为复杂，这也会让成本相应的增加。水翼船使用燃气引擎花费燃料较多亦是商业运作上必须严肃考虑的问题的之一。

气垫船

传说中阿拉伯飞毯可以飘浮在空中，按照主人的旨意去往目的地。在现实中，人们也同样利用了这种飘浮的力量，发明出了气垫船。虽然它不能像阿拉伯飞毯那样飞得又高又远，但是它确实是利用空气的力量将船托起，以提高船的航行速度，让人们在乘坐的过程中找到了飞一般的感觉。

1. 漂浮原理

与水翼船差不多，气垫船同样是在船底部分做文章。它的船底装有环形的喷气口，喷口外部有一层柔性材料，用以保证船底喷出气体的均匀。高速喷出的空气与水面相互作用产生升力，在船与水之间形成一层气垫，船体就自然而然地飘浮在水面上了。这样，船所受的阻力就小了很多，可以在水面上高速运行。

在海上行驶的气垫船

科学新导向丛书

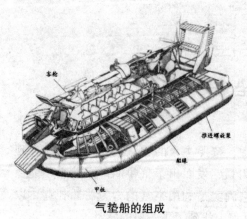

客轮
推进螺旋桨
船缘
甲板

气垫船的组成

2. 最初的梦想

当人们对空气的力量念念不忘的时候，有人想到好好研究一下这种资源。最早利用飘浮力量的是瑞典科学家兼哲学家艾曼纽·斯威登堡，他在1716年就想到这个点子了。直到1935年，他的想法才由芬兰工程师托依福·卡里奥实现。托依福·卡里奥经过艰辛的尝试终于制造了世界上第一艘气垫飞行器，并且加以实际操作。

3. 漂浮在水上

英国人克里斯托弗·科克雷尔爵士将这种飘浮的力量应用在了船舶上。他用两个空罐子做实验，将空气输进两罐之间的环形空隙内，发现这时产生的空气喷流压力比平常大，他以此原理为出发点，在1953年创立了气垫理论，经过大量实验后，于1959年制造出世界上第一艘气垫船。

4. 两类气垫船

按照船底喷气原理的不同，气垫船分为全垫升气垫船和侧壁式气垫船。英国制造的世界第一艘气垫船即为全垫升式。侧壁式气垫船的船底只有艏艉有喷气装置，船舷两侧有插入水中的刚性侧壁，在航行中，船体处于一种半悬浮的状态。由于这种气垫船托力比全垫升式大，而且功率消耗小，适合建造大型船只，因而其军用价值颇受各国海军重视。

5. 在陆地上航行

全垫升气垫船有一个特殊功能，就是像汽车一样能够在陆地上自由地"航行"。全垫升气垫船可以在沼泽、冰雪地等恶劣的路况中顺利通行。它利用后上方类似飞机那样的空气螺旋桨作推进器，给气垫船提供在陆地上"航行"动力。

双 体 船

现实生活中我们常见到长得非常相似的双胞胎兄弟或姐妹，当他们一起经过时总能赚足路人的眼光。如今轮船也不甘示弱，出现了很多的双体船。双体船顾名思义就是将两个单船体横向固连在一起的船只。双体船就像双层公交车一样，一次性可以搭乘更多的乘客，节约了不少成本。

1. 古代双体船

中国早在两千多年前的古籍中就有双体船的记载。古代的"舫"或"方舟"即是双体船。"舫，并舟也。"晋郭璞注《尔雅·释水》说"此船于水，加板于上"，指的都是双体木船。古代印度洋沿岸和附近岛屿以及南太平洋岛屿上的居民也制造了双体木船。双体船的英文名称即源自当地的泰米尔语，意思是"并起的独木舟"。

2. 现代双体船

现代双体船始于20世纪60年代，自问世以来得到了较快的发展，目前已用作客船、渡船和工程船等。近来还出现航行迅速、很有发展前途的小水线面双体船、穿浪双体船、高速双体船、复合型双体船和气垫双体船等。越

正在航行的双体船

来越多的双体船占据了民用和军用船舶市场。它们新颖的外观、独特的综合性能受到世界各国的关注。

3. 动力双体船

双体船的一个最新发展是动力双体船，"动力"型双体船荟萃了机动船的所有优点，并融合了多体船的很多特点。通常，动力双体船没有任何航海仪器，就如我们所展示的北美最畅销的双体船——猎豹（PowerCat）——一样。动力双体船使用两个瘦长的船体，多数配备涡轮喷气发动机推动，以喷射水流的方式，把水快速推向船后，根据牛顿第三定律，可获得巨大的反作用力，比采用普通螺旋桨推动更快速，而在高速时，瘦长船身的阻力更会大幅地降低。

4. 高速双体船

典型的高速双体船由两个瘦长的单体船（称为"片体"）组成，上部用甲板桥连接，甲板桥上部安置建筑，内设客舱、生活设施等。高速双体船由于把单一船体分成两个片体，使每个片体更瘦长，从而减小了兴波阻力，使其具有较高的航速。由于双体船的宽度比单体船大得多，其稳定性明显优于单体船。双体船不仅具有良好的操纵性，而且还具有阻力峰不明显、装载量大等特点，因而被世界各国广泛应用于军用和民用船舶。

5. 双体船进化

目前，双体船为满足使用要求大都在逐步向大型化发展。其中，小水线面船型将从双体演化成单体或三体、四体、五体等多体。为提高双体船在高海况下的航行能力，各国的研究方向大都集中在开发超细长体双体船的系统技术、优化线形设计和采用大功率喷水推进系统等方面。

双体帆船比赛

水　艇

　　轮船发展到现在，船身越来越趋向于庞大化，客轮、货轮都以其自身的体积取胜，目的是为了在相同时间内能够承载更多的乘客和货物。但不是所有的水上旅行都需要"兴师动众"地动用这些大家伙，一些身形小巧轻便的水艇因越来越受到人们的宠爱而渐渐发展起来。

1. 水上摩托艇

　　水上摩托艇，因为其独特的造型人们常常戏称它为"水上摩托车"。水上摩托艇不仅外形与摩托车很相似，而且实际操作也和摩托车类似，需要驾驶的人骑着才能前行，艇的前端同样有用来掌握方向和控制平衡的手把。它主要依靠内燃机驱动，行驶速度快，驾驶起来非常刺激，常常能溅起巨大的水花，目前水上摩托艇主要用于娱乐和比赛。

摩托艇

2. 摩托艇比赛

摩托艇比赛起源于 19 世纪末,现在已发展成为一种世界性的赛事。这种比赛通常都是以速度取胜。通过行进起航或原地起航的方式开始比赛,主要分为环圈赛和距离赛两种。比赛中,选手们驾驶着各自的摩托艇,在比赛区域内任意驰骋,速度异常惊人。正规的摩托艇比赛精彩程度丝毫不亚于陆地摩托车比赛。

3. 潜水艇

潜水艇是现代海军最重要的突击兵器,具有隐蔽性好、突击能力强和续航自给力大等特点。潜水艇部队既能单独作战,也可与其他舰艇协同作战。它使用鱼雷、水雷、水下导弹等武器袭击敌人,主要袭击敌方大、中型运输船只和作战船只,打击敌人海上交通线,保护己方海上交通线,摧毁敌人港口等陆上目标。现在潜水艇除了作为军事装备和科研用途外,一些构造较为简易的潜水艇已发展成为人们日常娱乐的工具。

4. 潜水艇原理

大多数不了解潜水艇的人都很好奇它是怎样潜入水里的。其实这完全归功于潜水艇内的压力舱,就是它带领着潜水艇和舱内的人员来到水下的。在潜水艇要潜入水下的时候,压力舱内就开始注水,随着重力的增大潜水艇慢慢下沉。当潜水艇准备浮出水面时,压力舱内的水就往外排,潜水艇整体的重量就会不断减轻,在浮力的作用下它自然就悄悄地浮出水面了。

5. 小小游艇

游艇相当于一艘小型客轮,一般应用于海上的短途旅行和海上观光。游艇速度比较快,在旅行的途中让人们感受风驰电掣的刺激之感,也可以放慢前行的速度,抑或是停在某片水域上让人们欣赏周围的风景。在一般的游艇上,通常都有小型的建筑,生活设施齐全,给出海游玩的人们提供一个暂时休息和居住的舒适环境。

海　难

　　海上的天气变幻莫测，水底的情况也同样深不可测，船只航行在海中，不知道会有什么样的意外发生。从人们开始在水中摸索航行，这些意外隐患就一直存在。古往今来，因为各种原因造成的海难事故频频发生。海难形成的重重阴影，时刻提醒着人们注意航行安全。

1. 海难原因

　　造成海难的事故种类很多，大致有船舶搁浅、触礁、碰撞、火灾、爆炸、船舶失踪，以及船舶主机和设备损坏而无法自修以致船舶失控等。发生海难事故的原因是多方面的，诸如：天气条件，船舶技术状态，船员技术水平和工作责任心，港口设施和管理水平等。尽管自然条件或客观原因很多，有些是属于突然性或非人力所能控制的，但人为因素还是主要的。大多数事故是由于驾驶人员的疏忽和过失造成的。

海难发生后被海水淹没的船

"泰坦尼克"号撞到冰山时的情景

2. 长久的影响

1912 年"泰坦尼克"号遇难，可以说是最为世人关注的一场海难，尤其是影视作品的渲染作用，让人们提起海难就想起它。"泰坦尼克"号于 1912 年 4 月 10 日从英格兰南部港口城市南安普敦出发，原定于 4 月 16 日抵达纽约港，在行驶到大西洋纽芬兰海域的时候，由于速度过快而不慎撞上漂浮的冰山。这艘号称"不沉之舟"的大船在几个小时内就沉没了。1985 年 9 月 1 日，它的残骸在纽芬兰附近的海底被发现。

3. 伤心的演习

2000 年 8 月，俄罗斯海军的"库尔斯克"号核潜艇在巴伦支海参加军事演习，在演习现场，这艘潜艇是首推的水上明星。但是在演习高潮时，"库尔斯克"号突然与指挥部失去联系。到了 8 月 13 日凌晨，人们才找到艇上的全部遇难的 118 名官兵。

4. 后果和影响

船只遭遇海难，可能会导致船体破损、倾覆甚至沉没。其所载的货物或船只部件可能会遭受海水侵蚀、浸泡或是落入大海。当所载货物是危险化学物品、石油、核设施时，则会对海洋环境造成重大破坏。对于从船只上掉落或是随船沉没的物件归属问题，并没有统一的看法。有些人认为即便是有上百年之久的沉船，其所有权仍然归船只所有国。也有人认为打捞方也有所打捞财物的部分所有权。客船发生海难时，由于其载客量大，极易造成数量众多的乘客遇难。

5. 海难应急措施

发生海难事故后，遇难船应尽力自行抢救，情况严重确认抢救无效，且有危及生命安全，或船舶有沉没危险时，应发出遇险信号求救，并迅速放下救生艇，弃船待救。《1979 年国际海上搜寻救助公约》规定各沿海国应设有救援中心。中国已成立了海上搜寻救助中心。对于遇难船和船上货物，需先按救助契约达成协议，然后依据救助要求进行施救。

第四章

空中交通

最初的飞翔梦

看到鸟和昆虫挥动着翅膀，在空中得意洋洋地飞翔，人类怀着羡慕的心情也想尝试一下。于是，人类怀揣着最初的梦想开始了对飞翔的探索。在这期间，有短暂的成功，也有失败的心酸，但是人类凭借着坚持不拔的信念和不断探索的精神，终于看到了胜利的希望。

1. 孔明灯

孔明灯又叫"天灯"，相传是由三国时的诸葛孔明所发明。当年，诸葛孔明被司马懿围困于平阳，无法派兵出城求救。孔明算准风向，制成会飘浮的纸灯笼，系上求救的信息，其后果然脱险，于是后世就称这种灯笼为"孔明灯"。另一种说法则是这种灯笼的外形像诸葛孔明戴的帽子，因而得名。孔明灯"会飞"是因为燃料燃烧使周围空气温度升高，密度减小上升，从而排出孔明灯中原有的空气，使其自身重力变小，空气对它的浮力把它托了起来。

2. 纸风筝

风筝，又叫做"纸鸢"，是用竹篾做框架，用薄的纸或绢丝做主体，用线牵着可以在空中放飞的物体。可以说风筝是飞机最早的雏形，在一千多年前的中国就有了风筝。最早人们将它应用于军事活动，用来进行侦察、通讯等任务，也可以用来载人，实现了人类渴望飞翔的梦想。

3. 插翅而飞

人类从鸟挥动翅膀得到启发，利用羽毛或其他人造物做成类似翅膀的工具，靠挥动双臂或者其他机械的方式想要飞翔。其中最著名的有达·芬奇设计并制造的"扑翼机"。

达·芬奇不仅在绘画上有很高的

风筝被公认为是最早的重于空气的飞行器

造诣，在科学研究上也有着突出贡献。他设计的扑翼机有宽大的翅膀，还有一个三角形的尾羽，完全模仿鸟的样子设计，人仰卧在机翼中部，拉动特制的手柄控制翅膀挥动，但他的这一设计并没有成功。

4. 无线的风筝

滑翔机的翅膀不能挥动，但它却可以借助空气阻力或者迎面吹来的风飞起来。有人形象地将它称为"断了线的风筝"。英国航空家凯利最早投入研究，他起初给风筝下面加了一个吊舱，用马车牵引，后来干脆将牵引绳去掉。在1849年的试验中，他的滑翔机从高坡上滑下，离开地面滑行了好几米。虽然距离不长，却是人类第一次乘滑翔机飞翔的大胆尝试。

5. 飞翔近在咫尺

汽车、火车、轮船的动力都是靠作用力和反作用力的相互作用。但是在空中，飞行体悬在半空中，它的动力是依靠气流的特殊力量。瑞士人伯努利在18世纪发现了这一原理：流体流得越快，压力就越小。就拿风筝来说，当气流迎面吹向它时，气流受到阻碍，速度减慢，压力增强，将风筝向上托起；当部分气流绕到风筝背面，没有了阻碍而速度加快的时候，给风筝背面的压力就减小了。在这样一正一反两个力的作用下，风筝也就自然飞起来了。发现了飞翔的动力，人类的飞翔梦想就更近了一步。

根据达·芬奇画设想制作的飞行器

热气球飞行

虽然人类怀揣着飞行的梦想不断地实验、探索，但是人类始终未能如愿地登上理想的高空，与蓝天白云作更亲密的接触。热气球出现后，人类才勇敢地踏上了高空，从此天空不是神仙眷侣的琼楼玉宇，鸟儿向人类炫耀的资本，人类也可以向天空播撒种子，挥洒甘霖。

1. 纸片的启发

18 世纪，法国造纸商蒙戈菲尔兄弟因受碎纸屑在火炉中不断升起的启发，用纸袋聚热气做实验，使纸袋能够随着气流不断上升。1783 年 9 月 19 日，在巴黎凡尔赛宫前，蒙戈菲尔兄弟为国王、王后、宫廷大臣及 13 万巴黎市民进行了热气球的升空表演。同年 11 月 21 日下午，蒙戈菲尔兄弟又在巴黎穆埃特堡进行了世界上第一次载人空中航行，热气球飞行了 25 分钟，在飞越半个巴黎之后降落在意大利广场附近。

2. 飞行动力

热气球的唯一飞行动力就是风。对于环球飞行的热气球来说，必须选择速度和方向都合适的高空气流，并随之运动，才能高效地完成飞行。就像作环球旅行时需要不停地换飞机一样，热气球需要搭乘不同的气流，热气球的高度通常要达到十几千米，在不同的高度受气流影响飞行的速度是不同的。需要调整速度时，飞行员所要做的工作就是调整热气球的高度，从而改变飞行速度。

人类第一次乘坐氢气球飞行

3. 主要构成

热气球，更严格的讲应叫做"密封热气球"，由球囊、吊篮和加热装

第一次热气球试飞

置三部分构成。球囊是由强化尼龙制成的。尽管它的质量很轻，但却极结实，是不透气的。吊篮由藤条编制而成，着陆时能起到缓和冲击的作用。而燃烧器是热气球的心脏，用比一般家庭煤气炉大 150 倍的能量燃烧压缩气，点火燃烧器是主燃烧器的火种。一直保持火种，即使被风吹，也不会熄灭。另外，热气球上有两个燃烧系统，以防备空中出现的故障。

4．热气球运动

热气球运动具有航空体育比赛、探险、休闲、空中摄影、高空作业、气象探测、旅游观光、空中广告、地质地貌测绘、青少年科普教育等多重功能。热气球运动在国外已经流行很久，近些年来在国内开始受到人们的热捧。尤其是热气球运动是一项老少皆宜的运动、健身项目，因而具有非常广泛的受众面。

5．投资者的新宠

世界很多精明的企业家都不惜一掷巨资赞助热气球比赛和探险活动。如可口可乐、百事可乐、米其林和财富杂志等都有自己庞大的热气球队伍。日本本田公司连续十几年赞助日本举办百球规模的热气球大赛，柯达公司赞助美国的热气球比赛已经发展到有七百多个热气球参赛。我国热气球运动开展十多年来，越来越受到人们的欢迎，企业家和飞行爱好者都从不同角度关注着这项时髦运动的发展。

飞机的发明

热气球的升空实现了人类的升空梦想，但人类并未满足热气球将自己带上高空的快感，不断地探索，能否找到更加舒适的飞行载体，经过几代人的努力，飞机终于诞生了。虽然最初的飞机在性能等各个方面还不够完善，但是却人类智慧的结晶。

1. 莱特兄弟

莱特兄弟将真正意义上的飞机带给了人类。1903年他们制造出的"飞行者"1号是第一架依靠自身动力，并且能够载人飞行的飞机。这架飞机经过了4次试飞，不断改进，在最后一次试飞的时候在空中停留了59秒，飞行距离达到260米。随着兄弟俩技术的不断成熟和经验的逐渐丰富，他们开起了自己的飞机制造厂，为飞机的普及作出了巨大的贡献。

2. 中国第一飞行家

冯如是中国最早的飞机设计师和飞行员。从小就喜欢研究机械的冯如经过不断的琢磨思索终于在1908年制造出自己的第一架飞机。1909年9月21日，冯如在美国奥克兰市附近的派得蒙特山丘上驾驶着自己的飞机试飞成功。

莱特兄弟和他们发明的飞机

人类第一次乘飞机飞翔

他后期研制的飞机时速可达 105 千米，能够在高度为 210 米的高空飞行 32 千米。

3. 起飞原理

飞机机翼上下两侧的形状是不一样的，上侧的要凸些，而下侧的则要平些。当飞机滑行时，由于机翼上下侧的形状是不一样的，在同样的时间内，机翼上侧的空气比下侧的空气流过了较多的路程（曲线长于直线），即机翼上侧的空气流动得比下侧的空气快。这样，当飞机滑动时，机翼上侧的空气压力要小于下侧，这就使飞机产生了一个向上的升力。当飞机滑行到一定速度时，这个升力就达到了足以使飞机飞起来的力量，于是，飞机就升空了。

4. 真正意义上的飞

巴西人阿尔贝托·桑托斯·杜蒙特发明了飞机，1906 年 10 月 12 日桑托斯·杜蒙特的"14 bis"飞机成功地飞至 60 米高空，是世界上第一次成功的动力飞行，之前的飞机也都飞了起来，但是并没有达到真正意义上"飞"的标准。或许也是源于此，巴西人一直认为飞机是他们发明的。

5. "3·2" 型飞机

1911 年，英国的肖特兄弟申请了多台发动机设计的专利。他们的双发动机系统，能使每一个飞行员都不用担心因发动机停止而使飞机下降。人们把按照肖特专利制造的第一架飞机称为"3·2"型飞机。这种飞机装有 3 副螺旋桨，2 台发动机以及两套飞行操纵系统。

飞机的发展

飞机发明后，从持续数秒的飞行到广泛地应用于航空运输，仅用了短短的几年时间，在这段时间里人们在飞机上费尽了心思，正是勇于探索的人们极大的热情和努力，飞机才得以快速的发展，我们才能看见越来越多的"银鸟"自由自在地翱翔于蓝天白云之端。

1. 飞行仿真器

飞行仿真器又称"飞行模拟器"，它可以在地面模仿飞机的飞行状态。1930 年，美国人埃德温·林克发明了第一个飞行仿真器，并且以自己名字命名为"林克练习器"，尽管它存在着技术上的缺陷，但它已经体现了不使用真实飞机就能安全、经济地反复进行紧急状态动作训练的优点。现在的飞机模拟器已经由计算机、模拟驾驶舱、运动系统、操纵负载系统和视景系统等组成。是现代航空科研、教学、试验等不能缺少的技术设备。

2. 首次穿越大西洋

1919 年 6 月 14 日，人类驾驶着飞机首次飞越了大西洋。完成这一重要使命的是英国的阿尔科克上尉和布朗中尉。他们驾驶着"维米"式飞机，从加拿大纽芬兰的圣约翰斯起飞，次日凌晨降落在英国境内。飞行当天天气非常恶劣，但他们还是克服了重重困难，在糟糕的航空状况下完成了人类飞越大西洋的壮举。

3. 二战后的春天

第二次世界大战结束初期美国开始把大量的运输机改装成为客机。20世纪 60 年代以来，世界上出现了一些大型运输机和超音速运输机，逐渐推广使用涡轮风扇发动机。著名的有美国生产的 C－141、C－5A、波音－

早期人们制造的小型单翼机

现在用于军事上的战斗机

747，法国的空中客车等。超音速运输机有英法联合研制的"协和"式。然而，超音速客机的发展并不乐观。"协和"式飞机售价过高，且噪音污染大，影响效益，因而已于 20 世纪 80 年代停止生产。

4. 专业飞机出现

在人类向地球深处进军时，飞机也被广泛应用于地质勘探。人们使用装备了照相机或者一种被称为"肖兰系统"电子设备的飞机，可以迅速而准确地对广大地区，包括险峻而难以到达的地方进行测绘。把空中拍摄的照片一张张拼接起来，就可以绘制出极好的地形图。这比古老的测绘方式要简便易行得多。就连冰天雪地、人迹罕至和一度只有探险人员涉足的北极和南极，现在乘坐飞机也可以轻而易举地到达。

5. 强加给的职责

人类发明飞机，最初可能没有想到让它服务于军事、战争这一系列不安全的"业务"，但是飞机的发明，使各个国家意识到它在军事进攻和防备上的重要意义，因此，飞机必须完成这些强加给的职责。虽然当时的飞机还存在很多问题，有些甚至是致命性的安全隐患，但是军人们已经迫不及待地将它应用于军事战争。飞机的发明，无疑带动了各个国家军事建设的变革。

飞机的结构

飞机是由很多部件组合在一起的有机整体。它的起飞、飞行、降落等都离不开这些部件的"团结协作"。万一哪个部件闹点小性子，整个飞机就不能很好地工作，有时候还存在可怕的安全隐患。因此，只有各个部件齐心协力，飞机才能安全平稳地冲向蓝天，完成自己的使命。

1. 推进系统

推进系统是飞机的动力来源，正是它给飞机提供源源不断的前进动力，使飞机顺利起飞。这一系统的主要部件就是发动机，目前飞机上采用的有涡轮风扇发动机和涡轮螺旋桨发动机。它们使用的燃料都是航空煤油。推进系统就好像是飞机的心脏，能够给飞机提供运行所需的强大动力，保证飞机有充足的血液和动力。

2. 起落装置

起落装置是飞机在起飞和降落时的必备装置，用于保障飞机起飞、着陆、在地面（水面）上停放和滑行中支持飞机，主要由起落架和配套的收放系统组成。起飞前，飞机在跑道上滑行，其吸收滑行时的撞击能量，稳定机身，机身离地时，收放系统将起落架收起，在降落时，起落架被放出，在落地的瞬间起到了一定的缓冲作用，支撑整个机身，保证飞机安全降落。

3. 特别"指地针"

飞机发明后不久，陀螺仪就被用到了飞机上。把陀螺仪的支架和机身连在一起，它的转子在高速旋转时，旋转轴垂直于地面，飞机可以改变飞行姿态，但转子轴会始终指向地面，横向标示杆就始终和地平线平行，它在仪表中被叫做"人造地平线"，这

飞机驾驶舱的操作系统

个仪表被称为地平仪。在实际飞行时，驾驶员在任何时候都应相信地平仪指示出的飞行姿态，而不是相信自己的感觉判断，从而避免因飞机的剧烈俯仰倾斜等导致的判断失误。

4. 控制系统

用以传递操纵指令、驱动舵面和其他机构以控制飞行姿态，有主操纵系统和辅助操纵系统之分。前者用于操纵飞行轨迹，包括驾驶杆、脚蹬、方向舵、连接升降舵（或全动平尾）和副翼的传动装置以及其他专门装置。后者包括调整片、襟翼、减速板、可调安定面和机翼后掠角的操纵机构。按控制指令的来源不同，飞机飞行控制系统又可分为飞机人工飞行操纵系统和飞机自动飞行控制系统。

5. 飞机的尾翼

尾翼分为水平尾翼和垂直尾翼。水平尾翼一般由水平安定面和升降舵组成，垂直尾翼由垂直安定面和方向舵组成。有的飞机将水平尾翼做成一个整体，可以操纵偏转，称为"全动平尾"。有些飞机没有水平尾翼，在机翼前面装有水平小翼面，称为"前翼"或"鸭翼"。水平尾翼保证飞机的俯仰稳定性、操纵性和平衡性，垂直尾翼保证飞机的方向稳定性和操纵性，并与机翼、副翼、扰流片或差动平尾共同保障飞机的横向稳定性和操纵性。

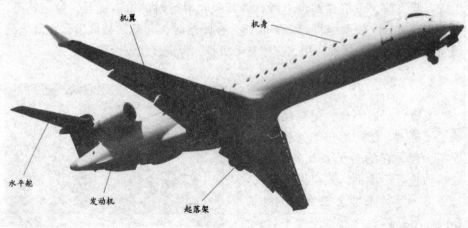

飞机的构成结构

飞机的性能

飞机在高空飞行，特别是运载着乘客或者货物的时候，需要保持非常稳定的性能，以确保飞行的安全。飞机的性能是多方面的，保持飞行的平衡、稳定，保证起飞和降落时的安全，遇到特殊情况时能够原地盘旋并且及时调整姿态等，都是现代飞机所必备的基本性能。

1. 保持平衡

飞机的平衡主要包括作用力平衡和力矩平衡两种。在它俩的相互配合下飞机才能更好地维持身体平衡。力矩平衡又可以分为三种：俯仰平衡，指作用于飞机上下方向的力矩之和为零；方向平衡和横侧平衡都是指保持飞机左右方向的力矩相等。作用力平衡可以在保持飞机速度不变的情况下进行，力矩平衡则在保持机身不发生转动的情况下完成。

2. 自动恢复平衡

飞机自动恢复平衡的性能就是指飞机的安定性。具备了这种性能，假如

飞机驾驶舱内的各项控制按钮

正在起飞的飞机

飞机在飞行中遇到气流干扰，飞行员可以镇定地进行调试，飞机自己就可以恢复到原来的平衡状态。这种安定性主要从迎角、方向、横侧三方面出发，依靠尾翼等来进行调整。有了自动恢复平衡的性能，可以使飞机拥有超强的自我"反省"能力，一旦不小心"犯错误"，就能主动认识自己的错误，及时改正错误。

3. 起 飞

起飞也是衡量飞机性能的一项重要指标，当飞机飞到25米高空的时候，才算得上是真正的起飞了。起飞共经过了地面滑跑、离地、小角度上升和上升四个阶段。准备起飞前，飞机首先是三点滑跑，油门加到最大以获得较快的速度，当速度达到一定阶段，抬起前轮使之保持两点滑行，增大仰角。在速度不断加快的同时，升力也在不断增大，机身就自然离地起飞。

4. 降 落

飞机安全降落也有着至关重要的作用，万一飞机不能安全降落，那不幸的就不仅仅是舱内的乘客和货物了，机场附近也会一团糟的。飞机的降落是一个减速过程，主要经过下滑、拉平、平飘、接地和滑跑五个阶段。下滑的过程就是降低飞行高度的过程，当下降到一定高度时将机身拉平，使之平飘到地面。为了防止下降速度过快，飞行员通常要适当增大仰角。在落地的瞬间，起落架起到缓冲作用，经过了一段滑跑后飞机停止，降落成功。

5. 重要的操纵性

飞机的自如飞行必须要依靠飞行员的实际操纵。飞行员通过控制驾驶杆、脚蹬等部件，调整飞机的飞行姿态。飞机响应这种操作，并及时地做出相应的调整。这一性能是评价飞机优劣的重要指标，包括最大平飞速度、巡航速度、爬升率、升限、航程等。

直升机

在遇到一些紧急情况时，人们需要飞机的援助。但是，在一些特殊的地方，没有能够供飞机起飞和降落的长距离跑道。于是，人们开始思考有没有一种可以垂直起降的飞机，能够在较小的空间内直升直降。直升机的出现，达成了人类这一美好愿望，帮助人们解决了许多实际中的困难。

1. 竹蜻蜓的启发

中国的孩子小时候大都玩过竹蜻蜓这种玩具。用双手把细细的杆子一搓，然后松开双手，杆子上面的三个螺旋桨一样的叶片，就带动着细杆在空中旋转着飞起来。中国早在 2 000 多年前就有了竹蜻蜓这种玩具，可以毫不夸张地说，它就是直升机的雏形。在直升机的发明和研究工作中，竹蜻蜓给了人们很大的启发，谁曾想此后竹蜻蜓带来了一场飞机界的伟大革命？

2. 第一架直升机

1907 年 8 月，法国人保罗·科尔尼研制出一架全尺寸载人直升机，并在同年 11 月 13 日试飞成功。这架直升机被称为"人类第一架直升机"。这架名为"飞行自行车"的直升机不仅靠自身动力离开地面 0.3 米，完成了垂直升空，而且还连续飞行了 20 秒钟，实现了自由飞行。这架直升机机身总长约 6.2 米，重 260 千克，装一副直径为六米的旋翼，每副旋翼有两片桨叶。

3. 家族的母版

1939 年春，美国的伊戈尔·西科斯基完成了 VS-300 直升机的全部设计工作，同年夏天制造出一架原型机。这是一架单旋翼带尾桨式的直升机，装有三片桨叶的旋翼，旋翼直径约 8.5 米，尾部装有两片桨叶的尾桨。其机身为钢管焊接结构，由 V 形皮带和齿轮组成传动装置。这种单旋翼带尾桨直升机成为现在最常见的直升机构型，很自然地被尊称为"直升机家族里的母版"。

美国生产的贝尔-407 直升机

4. 起飞的奥秘

直升机的旋翼高速旋转，在与周围的空气相互作用中，产生了向上的升力，这就是直升机起飞的动力。它主要是靠桨叶的旋转产生，所以即使在半空中直升机的发动机停止运转，飞行员仍旧可以通过特殊的装置使桨叶保持转动，防止机体快速下降。

5. "变形金刚"

新概念直升机是一种在短时间内完成四驱车和直升机间互变的一种飞机，它是美国得克萨斯州的 AVX 飞机公司的设计成果。由于这种新概念直升机可以在短短一分钟内完成四驱车和直升机间的快速转变。有人曾考虑将它运用到军事作战之中，或许不久我们就能看到这种现实版的"变形金刚"盘旋在战场之上。

飞　艇

空气同水一样，也有一定的密度，当存在于空气中的物体密度小于空气的密度时，这个物体就会慢慢地飘浮起来，这也就是说，空气也有浮力。飞艇就是在这种浮力的作用下不断升上高空的。人们把密度小于空气的气体充入气囊内，气囊就带动着舱体飞了起来。

1. 飞艇与热气球

有人可能会将飞艇与热气球混淆起来，它们两个虽然外形很像，但有着本质的区别。首先，二者的升空方式不同，热气球是将空气加热使之密度减小，借助空气浮力升上高空；而飞艇气囊内所充入的气体本身密度就比空气密度小，因而能够在空气中飘浮。其次，飞艇依靠发动机和推进器，不像热气球完全靠风力做动力。

2. 第一艘飞艇

法国工程师亨利·吉法尔在 1852 年发明了世界上第一艘飞艇，这年 9 月24 日，这艘飞艇在巴黎起飞，时速大约 8000 米，飞行了 28000 米。它前进的动力由一台蒸汽机提供，带动一副三叶螺旋桨推动飞艇前进，一个三角形风帆控制方向，带动这艘长 44 米，直径 12 米的"大家伙"在空中飞行。

早期的飞艇

3. 喜爱的"食物"

飞艇也是一个"挑食"的家伙，充入飞艇大胃囊的气体，其密度必须小于空气密度。人们通常使用的是氢气和氦气，但它们也都有其自身的不足之处。氢气的重量虽然轻，但它是一种可燃性气体，这给运行中的飞艇带来了很大的安全隐患，不小心就会发生起火、爆炸等事故。氦气虽然不具有可燃性，但它比氢气重一些，要产生相同的浮力，飞艇的体积就要非常大，这样的庞然大物是很不不容易控制的。

4. 齐伯林飞艇

1900 年，德国的弗迪南德·冯·齐伯林伯爵将两台内燃机发动机应用在他的飞艇上。这艘飞艇也就是有名的"齐伯林飞艇"。另外，他还对飞艇的气囊做了改造。他用铝材做飞艇的骨架，用来保持气囊的形状不变，气囊中也有很多分割的小气囊。这种气囊结构不同于以前的软式飞艇，需要气体的压力才能保持形状，人们便将这种飞艇称为"硬式飞艇"。

5. 飞艇的应用

早期的飞艇多用于军事活动，但是存在体积大、速度慢的问题。现代的飞艇大都用来在的场合渲染气氛，比如在巴塞罗那奥运会上，飞艇出现在会场上空，用来宣传和空中摄像。近些年又出现了高空执行预警侦察的专用飞艇。这种飞艇配有太阳能电池，能够长期地飘浮于高空执行预警和侦察任务，由于飞行高度的关系，这种比空气轻的飞行器可以避开暴风雪和狂风，长达数年地模仿同步卫星与地面保持相对固定的位置。

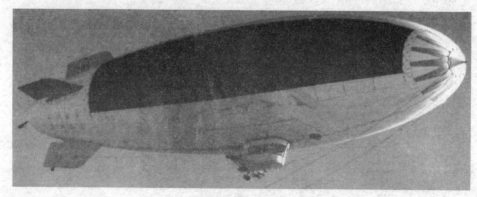

在高空飞行的飞艇

喷气式飞机

驱动飞机前进的动力有很多种，在发现蒸汽机、内燃机可以为飞机提供这种动力的同时，人们还发现了喷气的力量，这是一种区别于前两者的动力驱动方式。喷气式飞机就是依靠这种新的动力而飞行的，喷气式飞机因为动力强劲而实现了人类追求更快、更高飞行的梦。

1. 首架喷气式飞机

1939 年 8 月 27 日，人类航空史上第一架喷气式飞机试飞成功。它是由德国的飞机设计师亨克尔和燃气涡轮专家奥海恩共同制造完成的，名为"He178喷气式战斗机"。这架飞机的机身由亨克尔设计，发动机是奥海恩研制的推力为 380 千克的 Hes3B 涡轮喷气发动机。在巨大的轰鸣声中，这架飞机冲上蓝天，带领着飞机进入了喷气时代。

2. 喷气原理

如果你以为世界上飞机的动力装置只有蒸汽机和内燃机，那么喷气发动机就要不"高兴"了。喷气发动机是利用压气机先将空气吸入，然后在燃烧室内让燃油燃烧，加热空气。加热后的空气带动涡轮转动，涡轮又带动压气

世界上第一架喷气式飞机——He-178

喷气式飞机在空中进行拉烟表演

机给气体加压。最后，这种高压的燃气从发动机的排气锥和推力喷管喷出，产生向后的推力，飞机就飞起来了。

3. 天空中的尾巴

当喷气式飞机从天空中飞过的时候，人们仰望天空常常会看到它身后拖着一条长长的"尾巴"，在飞机飞过很长一段时间后，仍旧依依不舍地留在天空中。这条"尾巴"叫做飞机"尾迹云"。只有当喷气式飞机在20℃的环境中飞行，而且空气湿度很高，接近于饱和，同时大气又比较稳定的时候才会出现。飞机尾部喷出的废气使空中的低温高湿空气凝结，就形成了人们看到的长长的白色"尾巴"。

4. 自信的"画家"

现在，人们从喷气式飞机尾部拉烟现象得到启发，在一些特殊的场合安排了特别的"拉烟表演"。表演中，喷气式飞机像一位胸有成竹的画家，尾部会喷出五颜六色的烟雾，并且不断变换飞行路线，这样就会在空中留下各种美丽的图案。其实，这种烟雾的产生，是因为在飞机的翼尖、机腹或者机尾安装了专门的烟雾释放装置，能够在表演中释放出烟雾来，它与喷气式飞机在自然状况下产生的烟雾并不一样。

5. "温柔的炮弹"

喷气式飞机的飞行速度很快，第二次世界大战中，喷气式飞机就投入了使用。英国和德国都将一部分喷气式飞机应用在战争中，美国和日本也从英、德两国那里引进了制造喷气式飞机的技术。千万不要小看这种屁股后面冒着白烟的秀才，在战争中它毫不亚于浓墨重彩的其他设备，即使一时讨不到便宜，也可以一溜烟地逃离现场，明哲保身。

民用运输机

　　航空中用于客货运输的飞机，我们称之为"民用运输机"。民用运输机在飞机家族中占有非常重要的地位，人类发明飞机的最初愿望就是为了客货高速、不受约束自由地运输，实现自己的飞翔梦想，由于服役时间长、经验丰富，民用运输机自然而然地就成为老前辈。

1. 发展过程

　　民用运输机虽然在飞机诞生后不久就产生了，但直到 20 世纪 30 年代才趋于成熟。当时美国和德国制造了以活塞式发动机为动力装置的飞机。第二次世界大战结束后，航空技术发展很快，20 世纪 50 年代出现了涡轮螺旋桨飞机，如英国的"子爵"号飞机等。同一时期，涡轮喷气式运输机研制成功，这被认为在民用运输机的发展史上具有划时代的意义。

2. 分　类

　　民用运输机是一个非常笼统的概念，根据不同的分类标准又可以把它细分为不同的种类。通常根据起飞重量的差异民用运输机分为小型、中型、大型三种；按航程远近不同可分为近程、中程、远程三种，但目前国际上对此还没有统一划分的定量标准，很难做出精确的划分；按用途又可以分为客机和货机。

民用运输机

重型运输机

3. 机身构造

机身是整个飞机的主体，布置有客舱、行李舱和服务舱，前部布置驾驶舱和操纵系统。为了保证旅客的安全和舒适，现代客机的客舱都是增压密封舱，舱内装有空调、供氧、救生等设备，周到的服务，舒适的环境，让旅客在享受高空之旅的同时忘记焦躁和不安的情绪。

4. 私人飞机

公务包机（即专机）和私人飞机，从类别上说它们均属于客机这个大类，并根据机型不同归入到远程、中程或短程客机里面。远程包机目前也只有政府才能拥有，如美国总统的"空军"一号，中程和短程公务包机很多企业已经拥有了，其中又以小型公务包机为最多，私人飞机目前只有短程一种，乘员 2~5 人的最为普遍，费用比较高昂，只有少数人才能拥有。

5. 民航客机的未来

随着民航事业的迅速发展，乘坐飞机的人越来越多，一方面使一些繁忙航线的航班数量迅速增多，给空中交通管制带来很大负担；另一方面人们对于远程航线特别是越洋航线的飞行时间仍感偏长，迫切需要缩短飞行时间的愿望也越来越强烈。

因此，未来的客机需要朝高速化和巨型化方向发展。要实现这一目标，还有很长的一段路要走。